KB272038

은퇴
연옥

은퇴연옥

1판 1쇄 인쇄 2026년 4월 9일
1판 1쇄 발행 2026년 4월 16일

지은이 김경록
펴낸이 이영섭
마케팅 윤성식, 박용석, 이석원, 이지민
책임편집 김정한
편집 최지향
웹디자인 조현정, 윤승하
디자인 노벰버세컨드

펴낸곳 뉴스1
출판등록 2017년 8월 18일(제 2017-000112호)
주소 (03160) 서울 종로구 종로47, SC빌딩 17층
전화 02-397-7000
이메일 webmaster@news1.kr

ISBN 979-11-989026-6-5 (13320)

은퇴 연옥

인생 오후 30년을 위한
10년의 골든타임

김경록 지음

돈·일·관계의 함정을 피해 가는
12가지 서바이벌 전략

뉴스1

5장

—

SSS(3공):
은퇴부부의
공력

돈·일·관계의
은퇴연옥에 빠지다

'나를 통과하는 자는 모든 희망을 버려라'

단테는 그의 서사시 《신곡》에서 지옥문을 이렇게 묘사했다. 지옥은 희망이 없는 곳이다. 탈출구가 없다. 은퇴 생활을 '은퇴지옥'으로 묘사하는 사람이 많다. 지옥은 고통스럽지만 그 고통이 끝날 거라는 희망을 갖지 못하기에 절망스럽다. 그래서 나는 은퇴를 하면 모든 희망을 버려야 하는 은퇴지옥이라는 말을 좋아하지 않는다. 대신 은퇴연옥이라는 표현을 쓴다.

연옥은 라틴어로 푸르가토리움purgatorium이라 한다. 이는 '정화하다, 씻어내다'의 뜻을 가진 동사 푸르가레purgare에 '장소'를 뜻하는 접미어가 붙어서 만들어진 말이다. 영어의 purgatory는 여기에서 비롯되었다. 완전하게 준비되지 않은 것이 연옥에서 정화된다.

그래서 연옥은 희망이 남아 있다. 연옥은 천국도 지옥도 아니다. 천국으로 가기에 미흡한 사람들이 일정 기간 동안 영혼을 정화하는 시간을 갖는 곳이다. 정화 과정을 거친 영혼은 천국을 향해 전진한다. 연옥의 길은 처음에는 힘들지만 오를수록 편해진다. 개신이 가능하다. 지옥이 영원한 형벌의 공간이라면 연옥은 과도기의 영역이고 변화하고 진보할 수 있는 영역이다.

은퇴 후에도 연옥과 같은 과도기적 시간이 있다. 60대 전후 10년이라 할 수 있다. 골든타임이다. 이 기간을 잘 보내면 70대 이후의 노후가 편하다. 연옥을 탈출한 것이다. 이 기간을 잘 보내지 못하면 그 이후의 긴 노후가 불안하다. 연옥에서 탈출하지 못했거나 지옥으로 떨어진 것이다.

은퇴 후에 천당으로 바로 가지 못하고 연옥으로 떨어지는 이유에는 우리의 사회구조적인 배경이 깔려 있다. 빠른 정년, 더블 케어(double care, '자녀 양육'과 '부모 간병'을 동시에 해야 하는 상황), 급작스러운 관계의 변화 때문이다. 그러다 보니 '돈·일·관계의 은퇴연옥'에 빠지게 된다. 구체적인 모습을 알아보자.

일의 은퇴연옥이다. 우리나라는 늦게 취업을 하고 일찍 퇴직한다. 정년이 빠르다. 대부분의 은퇴 문제는 여기에서 발생한다. 생애주기life cycle를 보면, 20대 중후반에 직장에 들어가고, 40대 중반에 가계 살림 흑자가 최대에 이른 뒤, 50대 중반에 주된 직장에서 퇴직을 한다. 주된 직장 근무 기간이 25~30년 정도로 짧다. 그러다 보니 60세가 되면 소득과 지출이 역전되어 가계 살림이 적자로 들어서게 된다.[1] 재취업 시장으로 가야 한다.

해당 인구 중 경제활동인구(취업자+실업자) 비중을 계산한 경제활동참가율을 보면 60세 이상은 2025년 기준으로 46.7%

---

1) 국가데이터처, 〈국민이전계정〉.

에 이르며 이는 10년 전의 37%에 비해 10% 포인트 가량 증가했다.[2] 일반적으로 60세 이상으로 통계를 내니 70세 이상도 포함되어 평균적인 경제활동참가율이 떨어지므로 60대 전반을 볼 필요가 있다. 60세 이상은 5세 단위로 세분화되어 나와 있지 않아 55~64세 경제활동참가율 72%(2025년)를 감안하여 추론하면 60~64세의 경제활동참가율은 60%대 중반 수준인 것으로 보인다.[3] 해당 인구 중 취업한 사람의 비율을 나타내는 고용률도 비슷한 값을 보여준다.

60세가 법성 정년 연령임에도, 60대는 늦게까지 취업 전선에 머물러 있다. 우리나라는 일에서 완전히 은퇴하는 연령이 평균 69세까지(2025년 기준) 밀린다. 경제협력개발기구OECD 회원국들 중 가장 늦다. 65~69세 고용률도 가장 높다.[4]

늦게 직장에 진입하고, 일찍 퇴직하고, 자녀 관련 지출이 많은 사회 구조가 만들어 낸 현상이다.

---

2) 국가통계포털(KOSIS), 연령별 경제활동인구 총괄.
3) 프레시안(2023.7.12.), "60세 이상 경제활동률, 20대보다 높다."
4) OECD(2025), Pension at a Glance 2025.

설상가상으로 지출이 늘어나면서 은퇴 후 생활을 위해 필요한 돈도 부족해진다. 돈의 은퇴연옥이다. 자녀에 대한 지출은 50대에 끝나지 않고 60대로 이어지는 경우가 많다. 학자금뿐만 아니라 취업 준비를 위한 각종 학원비 부담이 있다. 이 외에도, 독립하지 못한 성인 자녀의 생활비, 독립할 자녀의 결혼 비용 등도 부담해야 한다.

노인상대소득빈곤율이 돈의 은퇴연옥을 잘 보여주고 있다. 전체 인구를 소득 기준으로 1등부터 100등까지 세워놓으면, 50위에 해당하는 사람의 소득이 중위소득이다. 65세 이상 인구 중에서 중위소득의 절반이 안 되는 사람의 비중을 노인상대소득빈곤율이라 한다. 2인 가구 기준으로 월 소득 200만 원가량이 안 되면 여기에 속한다. 현재 이 비중은 39.7%이며, 이는 OECD 평균 14.8%보다 2.6배나 높다.[5] 주택의 비중이 높은 반면 소득은 적은 탓이지만 이를 감안하더라도 지나치게 높다. 우리는 비록 선진국이지만 다른 선

---

5) OECD(2025), Pension at a Glance 2025.

진국들과 비교하면 은퇴연옥 수준인 셈이다.

일과 돈의 은퇴연옥으로 들어오는 사람의 숫자는 점점 많아지고 있다. 지난 10년간 60대 이후의 경제활동참가율이 10%포인트 정도 높아졌다. 과거에는 70대에 경제활동참가율이 뚝 떨어졌지만 지금은 완만하게 떨어지고 있다. 주된 직장에서 퇴직한 후에 완전히 은퇴하기까지의 재취업 시장에서 일하는 사람이 계속 많아지기 때문이다. 앞으로 베이비부머가 은퇴하면서 은퇴연옥에 머무르는 인구도 늘어날 수밖에 없다.

더 무서운 건 관계의 은퇴연옥이다. 관계는 결핍되어도 생존에 직결되는 게 아니어서 소홀하기 쉽다. 돈이 없으면 못 살지만 혼자 행복하게 사는 사람도 있기 때문이다. 하지만 인간은 사회적 동물이기에 관계는 정서와 건강 측면에서 아주 중요하다. '친구 없는 천국은 지옥과 같다'는 전해오는 말이 이를 잘 대변해 준다.

특히 관계는 인생 오전과 오후, 그리고 은퇴 전과 은퇴 후를 기점으로 드라마틱하게 변한다는 특징이 있다. 예를 들면, 은퇴 전에는 직장 동료, 고객 등 카톡에서 귀찮을 정도로 문자가 많이 오지만 은퇴 후에는 뚝 끊긴다. 정말로 소리 소문 없이 사라진다. 핫바지 방귀 새듯 조용히, 그리고 갑자기 사라진다.

가족 관계의 변화도 마찬가지다. 은퇴 전에는 자녀와 동거하고 남자는 주로 바깥에 있지만, 은퇴 후에는 자녀가 독립하고 아내 혼자 있는 집에 남편이 갑자기 돌아와 하루 종일 집에서 지낸다. 단독 주택도 아닌 아파트에서 일어나는 이러한 변화는 가히 극적이라 말할 수 있다. 혹은 이혼, 별거, 사별 등으로 홀로 거주하는 고령자는 우울증에 빠져 최악의 경우 극단적 선택으로 이어지기도 한다.

우리나라의 65세 이상 노인의 자살률은 2020년 기준으로 10만 명당 41.7명으로, 이는 OECD 회원국 평균 16.5명보다 높다. 성별로는 남성이 67.4명, 여성이 22.1명으로 남성이 훨씬 높다. 80세 이상에서는 10만 명당 68.9명으로 그 숫자가 껑충 뛴다. 특히 남성의 자살률이 높아 80세 이상에서는 118명(여성은 35.2명)에 이를 정도다.[6]

---

6) KOSIS 노인자살률, 2020년 기준.

　우리나라의 전체 자살률은 노인 자살률이 높인다고 해도 과언이 아니다. 이유는 경제적 문제, 고통스런 질병, 관계의 단절, 우울증에서 비롯된다. 돈·일·관계가 모두 악화하면 일어나는 일이다.

　돈·일·관계의 은퇴연옥에서 탈출해야 한다. 노동시장이나 사회문화 등 사회구조상 은퇴연옥을 없애지는 못한다. 하지만 연옥을 매끄럽게 벗어나 평안한 은퇴로 연착륙하게 해야 한다. 이를 위해서는 은퇴연옥의 중력을 탈출할 에너지가 필요하다. 로켓이 지구를 탈출하려면 중력을 이기기 위해 엄청난 에너지가 필요한 것과 마찬가지다.

　은퇴연옥에서 탈출하려면 강력한 추진체가 필요하다. 여기서는 4개의 엔진을 제시했고, 4개의 엔진에는 각각 3개의 연료가 들어 있다. 이를 요약하면, PAR, SOC, TIP, SSS인데, 모두 각 단어의 머리 글자를 따 온 것이다. 예를 들어, PAR에서는 3개의 전략이 있다. 따라서 3-3-3-3으로 모두 12개의 전략이 된다.

　먼저, 인생 오후의 극적인 삶의 변화에 대응하기 위해서는 PAR

가 필요하다. 페르소나Persona, 아레테Arete, 관계Relationship이다. 인생 오후의 사회적 역할에 맞는 페르소나로 바꿔 써야 한다. 오후 일의 가치에 대한 기준을 높이고 관계망을 양적·질적으로 재정립해야 한다. 이 3가지는 인생 오후의 큰 그림이라 할 수 있다.

구체적 실행과 관련하여 SOC가 있다. 선택Selection, 최적화Optimization, 보완Compensation이다. 젊을 때와 나이 들어서는 내가 가진 자원이 다르다. 내가 할 일의 범위를 선택적으로 줄이고, 몇 가지에 집중하는 최적화를 하며, 눈이 나빠지면 돋보기를 여러 곳에 두는 등 보완물을 찾는다. 그리고 SOC를 통해 만들어진 노후 환경을 습관화하는 강화 시스템이 필요하다.

자산관리에 관해서는 TIP을 지킬 필요가 있다. 절세Tax, 인컴Income, 물가Price이다. 자산관리에서 이 셋을 벗어나는 경우는 없다. 절세계좌에 원금의 실질 가치와 실질소득을 지킬 수 있는 자산을 편입한다. 간단히 말하면 세후 실질소득을 안정적으로 높이는 방법이다.

관계에서는 은퇴부부에게 필요한 SSS(3공)가 있다. 부부는 관계망의 베이스캠프에 해당하기에 탄탄하고 안정될 필요가 있다. SSS에는 공간(空間)Space, 공감(共感)Sympathy, 공분(共分)Share이 있다. 나라에 3정승이 있다면 가정에는 3공(SSS)이 있다.

1장은 은퇴연옥의 현실과 희망을 제시한다. 이어서 PAR, SOC, TIP, SSS가 각각 2~5장을 구성한다. 모두 12가지 전략이다. 이들 전략을 잘 수행하면 돈·일·관계의 은퇴연옥을 자연스럽게 탈출할 수 있다.

이 책은 투자업계에서의 경험, 은퇴연구소장으로서의 경험, 그리고 무엇보다 회사를 물러나 4년 동안 치열하게 고민하고 경험한 결과이다. 누구에게 훈수나 조언을 하고자 하는 게 아니다. 독자를 개발하거나 개조하고자 하는 의도도 아니다. 다만, 필자가 찾은 경험의 압축물을 이야기하고 싶었다. '12가지 서바이벌 전략'이라는 이 경험의 압축물이 인생 오후의 삶을 성공적으로 만들어 가는 데 도움이 되기를 바랄 뿐이다.

이제 1, 2차 베이비부머가 퇴직하고 뒤이어 은퇴의 길을 걷게 된다. 이들은 100달러 소득 시대에 태어나 3만 5,000달러

시대에 퇴직한다. 후진국에서 태어나 당당한 선진국에서 퇴직한다. 그런데 이들에게는 빠른 정년, 긴 수명, 더블 케어가 기다리고 있다. 아직 가보지 않은 길이다. 선배들도 그 길을 보여주지 않았다.

돈·일·관계의 은퇴연옥을 탈출하는 12가지 방법이 이 책에 있다. 이 책이 나침반과 지도가 되었으면 하는 바람이다. 인생 오후를 너무 두려워하지 말자. 은퇴연옥을 탈출하여 한 발을 내딛으면, 거기 새로운 삶이 멀티버스multiverse처럼 펼쳐진다.

2026년 3월
새문안로 사무실에서

PERSONA
ARETE
RELATIONSHIP
SELECTION
OPTIMIZATION
COMPENSATION
TAX
INCOME PRICE
SPACE SYMPATHY
SHARE

1장

은퇴연옥의 현실과 희망

우리는 은퇴지옥이 아니라 은퇴연옥에 있다.
은퇴 준비가 완전히 된 것이 아니지만
그렇다고 붕괴되어 희망조차 없지는 않다.
은퇴연옥에 머무르는 이유는 빠른 정년,
더블 케어, 연금 미비, 급작스런 변화 등으로 인해서다.
그러다 보니 퇴직 후 활동인 '퇴활'이 필수처럼 되었다.
'퇴활'의 기초는 좋은 노동시장에 오래 남아 있는 것이다.
삶이 행복해지려면 노후에 행복해야 한다.
끝이 좋아야 좋은 것이다.
우리가 은퇴연옥을 성공적으로 탈출해야 하는 이유가
여기에 있다.

노년을
위협하는 5적(敵)

정년 후에도 재취업이 필요하다고 강조하면 대부분의 사람들은 '평생 일만 해야 하는가!'라면서 역정을 낸다. 산업화 시대를 살아 온 베이비부머의 노동 역사를 감안하면 이런 불만도 일리가 있다. 하지만 상대를 통해 나를 객관적으로 볼 필요가 있다. 선진국과 비교해 볼 때 우리의 노후 준비는 뚜렷한 차이가 있다.

우선, 정년이 현저하게 빠르다. 우리나라는 법정 정년이 60세이지만 실제로는 55세 전후다. 심지어 많은 사람이 50세가 되기 선에 주된 식상에서 퇴직한다. 서구 사회는 대체로 정년이 65세 이상이며, 미국과 영국은 정년이 없다. 저축을 가장 많이 하는 연령이 50대인데, 이 기간에 주된 직장에서 떠나게 되면 노후 준비를 위한 막판 저축이 어려워진다. 재취업을 하더라도 소득이 절반가량 줄어들기 때문이다.

둘째, 공적연금의 납입 보험료는 낮고 납입 기간은 짧다. OECD 회원국들의 보험료는 소득의 18%를 넘는다. 이에 반해 우리나라는 지금까지 국민연금 보험료가 9%였다가 최근 연금개혁에서 13%로 상향 조정했다. 납입 기간도 짧다. 국민연금을 수령하는 사람들의 평균 납입 기간은 20년이 채 되지 않는다. 이는 유럽 국가들의 35년에 비해 턱 없이 짧다. 미래는 획기적으로 나아질까? 2050년에 국민연금을 수령할 사람도 납입 기간이 24년 정도에 불과하다.[7]

셋째, 사적연금의 중간 누수가 많고 운용과 관리도 비효율적이다. 1997년 IMF 외환위기와 2008년 글로벌 금융위기 때, 사람들은 퇴직금 중간 정산을 많이 실행했다. 2005년 퇴직연

---

7) 〈내곁에 국민연금〉, 2024년 3월 기준으로 19.75년, 국민연금관리공단에서 김민선 의원실에 제출한 자료(2024년).

금 도입 이후에도 중도 인출을 하다 보니 사적연금 자산 축적이 어려웠다. 또한, 퇴직연금 DC(확정기여형)도 원리금 보장상품 중심으로 자산을 운용하니, 낮은 수익률로 인해 퇴직연금의 자산 축적 속도가 매우 더디다.

넷째, 설상가상으로 자녀와 노부모를 같이 부양하는 더블 케어 가구가 많다. 만혼과 장수로 인해 나타난 현상이다. 이는 일본에서 먼저 사회문제가 되었으나 실상은 우리나라가 더 심하다. 자녀가 늦게 독립하면서 자녀에게 들어가는 사교육비, 결혼 비용이 세계에서 으뜸이다. 게다가 서구 사회와 달리, 우리는 부모의 노후 준비가 잘 되어 있지 않고 국가의 복지 지원도 미흡하다. 자칫하면 간병비만 월 400만 원에 이른다. 50대에 주된 직장을 나와 소득의 반이 줄어든 상황에서 더블 케어까지 맞게 되면 마이너스 저축 상황에 이르게 된다.

마지막으로, 관계망이 급속하게 변한다. 주된 직장에서 퇴직하면 명함이 사라지면서 지금까지의 관계망이 축소된다. 가정에서는 자녀가 성장하여 독립하고 아내는 모처럼 여가 시간을 갖게 된다. 이때 가장이 퇴직하고 가정으로 돌아가게 되면서 여러 가지 충돌이 일어난다. 직장과 사회의 관계망은 축소되지만, 가정에서 관계를 확대하려 하면서 긴장감이 높아진다. 축소된 직장 및 사회 관계망을 가정 관계망의 확장으로 보완하려 해서는 안 된다. 이는 최악의 결합이다. 관계망의 재구조화와 연착륙이 필요하다.

이처럼, 선진국과 비교해서 우리나라는 주된 직장에서 일하는 기간은 짧고, 공적 및 사적 연금의 준비가 미흡하며, 여기에 더해 50대는 더블 케어로 지출이 늘어나고, 평균수명이 길어서 노후 지출액이 더 많으며, 고령 후기 10년 정도는 의료비 지출이 많아진다. 부득이 60세 이후의 재취업이 필수가 될 수밖에 없다.

그러다 보니 실질적으로 은퇴하는 나이가 69세로,[8] 재취업 시장에서 머무르는 기간이 길다. 우리나라만의 독특한 현상이다. 죽어서 천국에 바로 가지 못하고 연옥에서 영혼을 정화하듯이 우리는 은퇴연옥을 거쳐야 완전한 은퇴를 할 수 있

---

8) OECD, Pension at a Glance 2025, 2022년 72세였으나 지금은 69세로 낮아짐.

다. 게다가 절묘한 시기에 관계망의 긴장이 극대화된다.

우리의 노년을 개선하려면 다섯 가지의 차이를 줄여야 한다. ① 퇴직 연령을 늦추어 주된 직장에서의 근로 기간을 늘리고, ② 재취업 시장을 체계화하여 정보 비대칭성을 줄이고, ③ 공적연금은 개혁하고 사적연금은 개선하며, ④ 사교육비를 줄이고, ⑤ 노후 부담을 사회와 국가가 일정 부분 분담해야 한다.

무엇보다 이들의 근저에 있는 것이 노동시장 개혁이다. 노동시장이 탄탄해야 연금도 탄탄하게 된다. 4차 산업혁명과 장수시대에 맞는 세대 상생의 노동시장을 만들어야 한다.

1. **정년이 빠르다.**
   재취업 시장을 체계화하여 정보 비대칭성을 줄인다.

2. **공적연금의 납입 보험료는 낮고 납입 기간은 짧다.**
   퇴직 연령을 늦추어 주된 직장에서의 근로 기간을 늘린다.

3. **사적연금이 비효율적으로 관리된다.**
   퇴직연금 제도 개선과 교육이 필요하다.

4. **자녀와 노부모를 같이 부양하는 더블 케어 가구가 많다.**
   노후 부담을 사회와 국가가 일정 부분 분담한다.

5. **평균수명은 길고 건강수명은 짧다.**
   최소한의 의료비 준비와 건강 투자가 필요하다.

○ 　퇴활(退活)이
　　필요할 때

　　60대에 맞게 되는 은퇴연옥을 미리 준비해야 한다. '50대는 불안 60대는 후회'라는 말을 한다. 50대는 퇴직 후의 60대 삶에 대해 불안해하고, 60대는 닥치고 보니 미리 준비 못한 것에 대해 후회한다는 뜻이다.

　　이처럼 퇴직 전후는 불안과 후회가 이어지는 변곡점이다. 실제로 퇴직 후 국민연금을 받기까지 들어오는 돈이 뚝 끊기는 소득 공백 기간이 있다. 설상가상으로 지출의 불확실성이 커지는 때가 50, 60대다. '어떻게 되겠지'가 아닌 준비가 필요하다.

무엇보다 체계적인 퇴직 준비 활동이 필요하다. 일본에는 혼활(婚活), 종활(終活) 등이 유행이다. 혼활은 결혼을 하려는 적극적인 활동을, 종활은 자신의 죽음을 준비하는 활동을 말한다. 우리는 정년이 빠르고 연금수령 시기는 그에 비해 늦다 보니 퇴직 이후의 소득 공백기를 준비하는 '퇴활(退活)'이 시급하다.

정년 이전의 퇴직도 많다. 다들 자신의 퇴직이 미처 생각지 못한 때 닥친다고 하는 사람도 많다. 미리 준비가 필요한 이유다. 몇 가지 필요한 퇴직 준비 활동을 적어본다.

첫째, 서구 사회에 비해 정년이 빠른 우리는 무엇보다 근로소득을 이어 가는 준비가 중요하다. 이미 우리나라에서 60대 고용률은 높아지고 있다. 2024년 기준 60대 초반(60~64세)의 고용률은 64%에 이르며 60세 이상 고용률은 42.4%(2020년)에서 45.9%(2024년)로 크게 증가했다. 60세 이상 고용률은 꾸준히 빠른 속도로 높아지고 있다. 이제는 재취업이 선택이 아니라 필수처럼 되었다. 서구 사회는 옥토 제네리언 Octogenerian 즉, 80대도 일을 하는 비중이 늘고 있다. 60세 정년이라는 틀에 얽매이면 안 된다. 적합한 재취업 자리를 구하는 건 아마 가장 풀기 어려운 문제일지도 모른다. 근의 공식 같은 공식이 있는 게 아니라 각자가 보지 못했던 문제를 앞에 두고 공식 없이 풀어가야 한다.

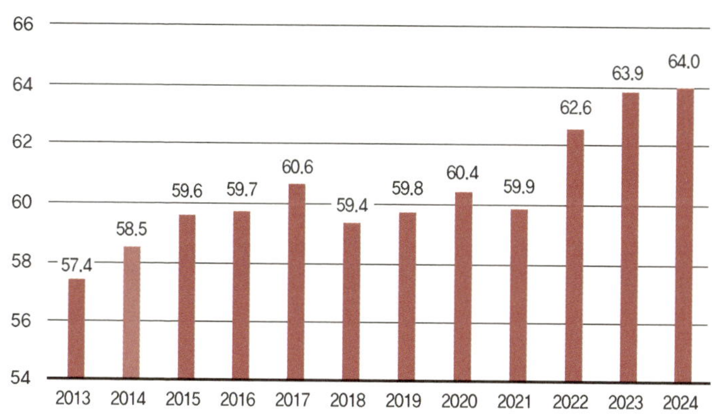

자료: 국가데이터처, 〈경제활동인구조사〉
주: 60~64세 고용률 = (60~64세 취업자 수÷60~64세 인구)×100

둘째, 나에 대한 투자를 통해 전문성을 만들어 놓는다. 기술을 가진 사람은 마음만 먹으면 재취업을 할 수 있지만 그러지 못한 관리 직종도 많다. 이 경우 자격증이 필요하다. 강의를 갔더니 한 분이 자기 같은 관리직은 퇴직 후 일자리가 마땅치 않아 안전관리 자격증을 준비 중이라고 했다. 〈중대재해 처벌 등에 관한 법률〉로 안전에 대한 수요가 높아졌다는 진단에 따른 것이다. 물론 자격증만으로 해결되지 않는 부분도 많다. 공무원을 하고 나와 행정사를 하는 사람이 전화가 와도 오지 않아도 골치라고 한다. 골치 아픈 업무에 비해 보수는 많지 않고 그렇다고 손님이 없는 것은 썰렁하기 때문이다. 하지만 자격증이 있으면 시도할 수 있는 기회는 많아진다. 꽤 엘리트인 지인은 애들 잘 키워서 독립시키고 본인 노후 준비도 잘 되어 있는데 지금 자격증을 준비하고 있다. 명문대를 나온 아파트 관리소장을 심심찮게 본다. 자격증의 예를 들면, 요양보호사, 사회복지사, 공인중개사, 주택관리사, 전기기능사, 안전관리사, 조경기능사, 손해사정인 등이 있다.

셋째, 저축 스텝 업step up이 필요하다. 젊을 때에 비해 50대 전후에는 소득이 많아지는데, 이를 소비로 연결하기보다는 저축으로 연결해야 한다. 저축액을 한 단계 높일 필요가 있다. 필자의 자산 형성을 보면 상당 부분이 50대에 이루어진

강제 저축에서 기인했다. 50대 소비를 높여 놓으면 저축액이 줄어드는 단점뿐만 아니라 퇴직 후에도 소비 수준을 줄이지 못하는 어려움도 있다. 높은 월급은 오래가지 않음을 명심해야 한다. 여력이 있을 때 추가 납입 등을 통해 국민연금을 충실하게 준비해 두면 좋다. 힘이 있을 때 손가방 하나 더 없는 것은 부담이 전혀 되지 않듯이 여유 있을 때 조금 준비해 두면 나중에 큰 도움으로 돌아온다. 지출 후에 저축액을 결정하지 말고 저축액을 먼저 결정해야 한다. 노후에 필요한 금액을 계산하고 미달되면 소득이 있을 때 빨리 저축해야 한다.

넷째, 금융자산에서 금융소득을 만드는 전략을 짜고 하나씩 실천해야 한다. 예를 들어, 5,000만 원 자산에서 5년 동안 금융소득을 만드는 것이다. 저금리 시기가 되면 예금이나 보험사의 저축성 연금으로 노후소득을 만들기 어렵다. 소득이 높은 투자상품을 선택해야 한다. 기회가 될 때 예금과 채권 이외에 배당주 펀드, 배당주, 인프라펀드, 리츠REITs, 월배당 ETF, 인컴펀드 등을 사서 준비하는 게 좋다. 리츠는 부동산에 투자해서 배당을 받는 것이다. 차입이 있으므로 부동산 가격과 금리 변화에 가격이 민감하게 움직이기 때문에 분산을 잘 해두어야 한다. 반면에 인프라펀드는 차입 비율이 낮아 상대적으로 안정적이다. 월배당 ETF는 최근 파생상품을 기반으로 높은 배당을 주는 상품들이 있지만, 배당률이 높다고 좋은 게 아니다. 위험도 그만큼 커진다. 배당 전략은 과도한 가격 변동 위험보다는 적정한 가격 변동 위험을 부담하는 게 낫다. 일찍 사놓으면 배당금도 많아진다. 은퇴 닥쳐서 바꾸지 말고 좀 더 일찍 시작해야 한다.

세후 소득을 높이려면 절세를 위한 연금계좌를 준비한다. 소득 공백기에는 금융자산에서 이자나 배당 등을 통해 금융소득을 얻어야 하는데 여기에는 15.4% 과세를 하고 2,000만 원을 넘으면 종합소득에 합산하여 과세한다. 100만 원을 받으면 15만 4,000원이 세금으로 나가는 셈이다. 종합소득 합산 여부에 따라 더 많아질 수도 있다. 하지만, 연금계좌를 활용하면 돈을 찾을 때까지 과세가 이연될 뿐만 아니라 세율도 5.5~3.3%로 낮다. 50대라도 늦지 않으니 준비해 두어야 한다. 나이가 들면 한 달에 10만 원도 요긴하게 쓰인다. 절세만으로 30만~40만 원이 한 달에 더 생긴다면 삶의 질이 높아진다. IRP와 연금저축 같은 연금계좌 가입은 어렵지 않다. 요즘은 모바일에서도 가입할 수 있다. 의외로 젊은 층은 연금계좌에 대해 소홀한 경향이 많은데, 절세로 인한 복리효과가 크니 가입해 두는 게 좋다.

마지막으로, 관계망의 급작스런 변화를 연착륙시켜야 한다. 양적인 확대에서 질적인 성숙으로 이동해야 하고, 사회적 관계망을 확충해야 한다. 무엇보다 부부의 관계가 관계망의 베이스캠프와 같은 역할을 하므로 이를 탄탄하게 갖추어 놓는 게 필수이다. 부부의 관계망이 탄탄하면 노후에 여러 충격을 받아도 젤리처럼 흔들리기는 하지만 부서지지는 않는다. 또한, 종교나 신과 같은 형이상학적 관계도 필요하다. 마치 춥고 외로운 겨울에, 그리고 다시 봄이 돌아올까 걱정되는 시기에 마음을 치유할 수 있는 온천이 될 수 있다.

'다른 사람은 문제가 있어도 나는 어떻게든 되겠지'라는 생각은 금물이다. 대부분 평균적인 흐름을 따라 간다. 다들 일찍 죽어도 나는 오래 살 것이라는 생각이 틀리듯이 말이다.

체계적인 퇴직 준비 활동을 위해 **근로소득의 연장, 인적자본에 대한 투자, 저축 스텝 업과 국민연금 준비, 절세 연금계좌의 충실한 준비와 은퇴소득 구조 만들기, 관계망의 재구조화** 등이 필요하다. 그러면 은퇴연옥에 가지 않거나 머무르는 기간도 짧아질 것이다.

노후 준비 토대는
노동시장

그리스 신화에 나오는 안타이오스는 대지의 여신 가이아의 아들이다. 힘이 땅에서 나오기에 넘어지면 더 세어진다. 어느 날, 그는 헤라클레스와 맞붙게 되었다. 땅에 내동댕이칠수록 안타이오스의 힘이 강해지자 헤라클레스는 그를 공중에 번쩍 들어서 목을 졸라 죽여 버린다. 안타이오스의 죽음은 대지라는 자신의 기반을 놓쳤기 때문이다.

그렇다면 노후 준비의 기반은 무엇일까? 많은 사람이 연금이라고 말하겠지만 그 연금이 발을 딛고 있는 곳이 노동시장이다.

국민연금은 소득대체율 40%를 목표로 하고 있다. 가입자 생애평균소득의 40%를 지급한다는 뜻이다. 그런데 여기서 전제는 40년 동안 국민연금을 가입할 경우다. 일을 40년은 한다는 뜻이니 현실과 격차가 큰 가정이다. 이를 명목소득대체율이라 한다. 2024년에 국민연금을 처음 수령한 사람들을 보면 평균 가입 기간이 19.7년이었고 실질적인 소득대체율은 20%에 불과했다. 받는 금액도 65만 원이다. 가입 기간이 짧으니 연금 수령액도 적을 수밖에 없다. 게다가, 반환 일시금으로 수령한 사람이 2024넌에 15만 명이있다.[9]

목표로 하는 명목소득대체율이 실질소득대체율(실제로 자신이 받게 되는 국민연금을 가입 기간 동안의 생애평균소득으로 나눈 비율)과 차이가 나고 연금 수령액이 적은 이유는 노동시장에 있다. 우리나라는 노동시장에 늦게 들어가고 일찍 나온다. 대학 진학률이 높고, 대학 진학에서 취업까지 기간에도 재수, 휴학, 군복무, 취업 준비 등이 있다. 취업은 늦게 하는 반

---

9) 《국민연금 통계자료》, 국민연금관리공단 김민선 의원실 제출 자료(2024).

면, 주된 직장에서 퇴직하는 연령은 빨라서 50대 중반을 넘어서지 못한다. 여성의 경우, 출산과 육아로 인해 경력이 단절되거나, 육아 후 재취업을 하더라도 근무 조건이 떨어진다. 근로 기간이 짧으면 국민연금뿐만 아니라 퇴직연금에도 동일한 영향을 준다.

한편, 가구의 연금소득을 높이는 데는 맞벌이가 중요하다. 부부가 각각 국민연금 100만 원을 수령하면 가구의 국민연금 소득은 200만 원이 된다. 여기에 퇴직연금까지 더해지면 가구의 연금 소득은 더 큰 폭으로 올라간다. 개인의 연금소득에 2를 곱하는 효과는 크다. 연금자산 10억 원을 만들 수 있는지를 운용수익률, 근로 기간, 맞벌이 등을 가정하여 계산해 보면, 부부가 연금 맞벌이를 하는 경우 목표 달성이 가장 쉽다.

은퇴자산관리를 연구하다 보면 가장 부러운 사람들이 연금 맞벌이 부부다. 만일 여성이 출산 후에도 직장을 계속 다닐 수 있는 여건이 갖추어지면 연금 맞벌이 부부가 많이 생겨날 것이다. 노후도 자연스레 준비된다. 이는 국가적으로 저출산으로 줄어드는 노동력에 대한 대응도 되는 1석 2조 효과가 있다. 맞벌이 환경에 정부가 투자해야 하는 이유다. 고령사회의 인프라로 생각해야 한다.

물론 싱글이나 외벌이처럼 연금 맞벌이를 하지 못하는 경우도 많다. 싱글은 생활비와 교육비가 적게 들므로 일찍부터 충분한 연금액을 마련해 두어야 한다. 또한, 외벌이도 남편과 아내의 분업 구조를 효율적으로 가져가면 맞벌이 못지않게 노후 준비를 할 수 있다.

노후 재취업시장 즉 노동시장의 2부 리그도 중요하다. 우리나라는 주된 직장에서 퇴직은 빠르지만, 완전히 은되하지 못하고 10~15년을 더 일하는 것이 현실이다. 이러다 보니, 전체 취업자 5명 중 1명이 60세 이상이다. 일종의 노동시장 2부 리그다.

2부 리그라고 내버려둘 게 아니라 체계화할 필요가 있다. 여기에서 임금은 어떻게 결정되는지, 어떤 일자리가 적합한지, 어떤 재교육을 받는 게 좋은지 등의 정보가 있어야 한다. 체계적인 패널panel 데이터 구축도 필요하다. 이 시장이 활성화되면 실질적인 노인부양비율(= 비생산노인인구/생산인구)을 낮춰 고령화의 부작용을 줄일 수 있다.

노후 준비가 잘 되기 위해서는, 근로 기간을 늘려 실질소득대체율과 연금수령액을 높이고, 맞벌이가 용이한 노동시장을 만들어 가구의 연금소득을 높이며, 2부 리그에 해당하는 퇴직 후의 노동시장을 체계화하여 부가가치를 높여야 한다. 이를 위해서는 정년의 단계적 연장, 임금체계의 유연화, 노동시장의 이중 구조 해소, 육아와 일을 병존할 수 있는 근로 여건 조성, 재취업 교육, 재취업 시장 체계화 등이 이루어져야 한다.

노후 준비가 발을 딛고 있는 대지(大地)는 노동시장이다. 노후 준비의 해법도 여기에 있다. 연금제도를 갖춰 놓더라도 노동시장이 뒷받침되지 않으면 노후 준비는 공중에 붕 떠 있는 안타이오스가 된다. 노동시장 개혁으로 세대 간 상생과 함께 노후 준비를 잘 할 수 있는 기반이 갖추어지기를 바란다. 나에게 지속적으로 투자하여 나의 인적자본 가치를 높여 놓는 개인의 노력이 필요함은 물론이다.

꼬리표를
떼버리자

나이 들면 여러 가지 꼬리표를 붙이게 된다. 세계 보건기구WHO에서 나이에 대해 갖게 되는 꼬리표에 '고령자는 모두 같다, 고령자는 허약하다, 고령자는 아무런 공헌도 할 수 없다, 고령자는 사회에 경제적 부담이 된다' 등을 이야기한다.[10] 우리는 숱한 꼬리표를 의식하지 못한 채 달고 살고 있고 이는 나이 들어서 더 심해진다.

꼬리표는 우리의 행동을 변화시킨다. 긍정적이기도 하지

---

10) 도쿄대 고령사회 종합연구소, 최예은 옮김(2019), 《도쿄대 고령사회 교과서》, 행성B, p.110.

만 부정적인 측면도 많다. 가까운 예를 들어 보자. 건강 검진이 일상화되면서 건강 검진 전에 시험 보듯 준비를 하고, 결과지가 나오면 가슴을 졸이며 줄을 그어 가면서 본다. 수치가 정상 범위에 있으면 안심하면서 긴장을 풀고, 정상 범위를 벗어나면 덜컥 걱정을 한다.

특히 당뇨에 관계된 수치에 민감하다. 많은 사람이 경험한 바지만, 만일 여러분의 당화혈색소가 당뇨 정상 범위보다 0.1%를 초과했다면 어떻게 할 것인가? 여기에 재미있는 실험 결과가 있다.

하버드대 심리학 교수인 엘렌 랭어Ellen Langer는 이와 관련된 사례를 소개하고 있다.[11] 혈당 농도를 측정하는 당화혈색소 검사(A1c)에서 5.7% 이상은 '당뇨병 전 단계'로 5.7% 미만은 '정상'으로 분류한다. 그런데 검사과정에서의 편차를 고려한다면 5.6%와 5.7%(이하 % 단위 생략)는 통계적으로 유의미하지 않다. 그럼에도 이렇게 꼬리표를 붙이는 것은 무언가

---

11) 엘렌 랭어 지음, 신솔잎 옮김(2024), 《노화를 늦추는 보고서》, 프런티어.

기준선이 있어야 하기 때문이다.

문제는, 이렇게 기준을 설정하고 꼬리표를 붙여 놓으면 사람들이 별 생각 없이 받아들인다는 점이다. 수치가 5.6인 사람은 정상이라 생각하면서 행동하고, 5.7인 사람은 자칫하면 당뇨병에 걸릴 수 있다는 생각을 하면서 살아간다. 언뜻 생각하면 당뇨병이 걸릴 수 있다는 긴장으로 살아가는 게 당뇨에 더 안 걸릴 거라고 생각할 수 있다. 하지만, 랭어 교수의 실험 결과는 의외다.

A1c 검사에서 5.6(정상이라고 판단되었지만 정상에서는 가장 높은 수치)을 보인 사람은 첫 검사 이후 2,000일 정도 후부터 수치가 올라가지만 5,000일까지 5.7을 약간 넘는 수준에서 머무른다. 반면에 0.1이 높은 5.7에서 당뇨병 전 단계로 분류된 집단은 2,000일 이후에 A1c 수치가 지속적으로 높아져서 5,000일 이후에는 6.2까지 올라간다. 5.7과 6.2는 유의미한 차이이다. '위험'이라는 꼬리표를 붙이는 행위가 오히려 향후에 당뇨병 걸릴 확률을 더 높이는 것으로 나타난 셈이다. 0.1의 차이는 통계적으로 의미가 없다. 그런데 왜 5,000일 이후에

이런 결과가 발생할까? (다양한 기준선을 설정해서 나온 결과이다. 여기에서는 나머지 실험 결과를 제시하지 않았지만 그 아래와 그 위의 구간도 각각 실험했으며 동일한 결과가 나왔다.)

랭어 교수는 '몸'이 당뇨 초기라는 '생각'을 따라가는 것일지도 모른다고 본다. 랭어 교수의 책은 바로 여기에 초점을 맞춘다. 세상에는 무의미한 데이터 잡음이 우리에게 꼬리표를 붙이고, 이 꼬리표를 우리는 아무 의심 없이 받아들인다. 그리고 그 꼬리표에 따라 몸이 반응하면서 내 몸은 결국 꼬리표를 따라가게 된다고 본다.

마음이 몸을 통제하는 사례는 많다. 지인은 청년 때 이삿짐 알바를 했는데 돈을 받으니 프로라는 생각이 들었다. 그런 생각을 하니 이삿짐이 무겁게 느껴지지 않았고, 진짜로 프로가 된 것처럼 행동이 되더라고 했다. 이삿짐 프로라는 딱지가 붙자 행동도 달라진 셈이다.

사회에서도 이런 일이 있다. 우리나라 대학입시 제도는 학력고사 1점 차이로 합격과 불합격이 나누어진다. 합격점 경계선상에서 1점을 더 받은 사람과 덜 받은 사람의 실력 차이는 없다. 하지만, 자기 자신은 물론 사회에서도 꼬리표를 다르게 붙인다. 그러면서 학교를 서열화하고, 그 서열에 자신을 끼워 맞추게 된다.

장수시대에는 이런 꼬리표에 노출되기 쉽다. 59세와 60세는 건강상, 그리고 일의 능력에서도 차이가 없음에도 정년이 60세라는 생각 때문에 완전히 다른 생각을 하게 된다. 65세 노인이라는 꼬리표도 마찬가지다. '지공(지하철 공짜) 선생'이 되면 사회의 보조를 받는 위치에 있는 것 같이 느껴진다. 처음에는 지향하지만 점차 받는 것에 익숙하게 된다. 그렇게 노인이라 생각하면 실제로 노인처럼 늙어간다. 손주 자랑도 좋지만 스스로 할아버지와 할머니 꼬리표를 붙이고 할아버지, 할머니가 되어 간다.

인생 후반의 삶에는 이런저런 꼬리표들이 붙는다. 이를 가감 없이 받아들이면 안 된다. 사람은 다양하다. 몸도 마음도 생각도 다양하다. 나이가 들수록 이 차이는 커진다. 60대에 건강이 약해진 사람이 있는가 하면 95세에 골프를 치는 사람도 있다. 그러기에 사회에서 붙인 꼬리표를 무턱대고 받아들이지 말고 의구심을 갖고 하나씩 반추하고 도전하면 노후의 삶도 자신에게 최적으로 바꿀 수 있다. 절대로 평균의 꼬리표에 자신을 맞추지 말아야 한다.

평균에 맞추지 않으려 노력한 서봉수 기사의 일화를 소개한다. 서봉수 기사가 젊은 정상급 프로 바둑 기사 5명과 '치수 고치기' 시합을 한 적이 있다. 치수 고치기 규칙은 첫판은 대등하게 바둑을 두고, 연속으로 지면 선(先)을 잡고, 또 지면 두 점 접바둑을, 그 다음에도 지면 3점 접바둑을 두는 것이다.

서봉수 기사는 추석을 맞아 세계 정상급 프로 기사들과 한 판씩 대국했다. 첫 번째, 두 번째 판은 서봉수 기사가 졌다. 세 번째 판은 서봉수 기사가 이겨서 두 점 접바둑에서 한 점 접바둑으로 내려갔다. 그러나 아쉽게도 네 번째, 다섯 번째 판에서 모두 지면서 석 점 접바둑이 되었다. 서봉수 기사가 예상 외로 1승 4패를 하면서 치수 고치기 최종 결과는 석 점이 되었다.[12] 일반인은 두 점이라고 예상했으나, 전문가들은

---

12) 연합뉴스(2022. 9. 13. 17:28), "서봉수 정상급 프로기사 5명의 '치수 고치기' 결과는 석 섬."

두 점 이상이라고 예상했다. 그러니 어떻게 보면 예상된 결과라 할 수 있다.

프로 기사들은 치수 고치기 시합을 무서워서 못한다. 하지만 서봉수 기사는 혼자서 번갈아 젊은 정상급 기사 5명을 상대하면서 도전했다. 그해 서봉수 기사의 나이는 69세였으며, 프로 9단이었다. 바둑은 단수에 관계 없이 나이 들면 실력이 떨어지는 것은 모두 아는 사실이다. 그래서 뒤에 물러나서 폼을 잡고 있는 게 상책이며, 이런 데 나와서 실력을 까발리는 것은 경계할 일이다. 그럼에도 서봉수 기사는 연로한 프로 9단이라는 꼬리표에 연연하지 않고 도전했다. 바둑을 좋아했기 때문이고, 바둑이 자신의 평생의 업이었기 때문이다.

꼬리표를 떼고 다른 곳에 발을 내딛어 보자. 새로운 세상이 멀티버스multiverse처럼 펼쳐진다. 영화 〈닥터 스트레인저 Doctor Stranger〉에서 주인공이 발을 하나 내딛으면 새로운 우주가 펼쳐진다. 그 걸음을 내딛기 전과는 완전히 다른 세상이다. 우리의 삶도 발을 새로운 곳에 내딛을 때는 새로운 세상이 파노라마처럼 펼쳐진다. 스티브 잡스가 차고에서 창업하

기로 발걸음을 내딛었을 때, 그 이후 새로운 우주가 펼쳐졌
다. 꼬리표에 묶여 있지 말고 발을 떼야 한다.

끝이
좋아야 좋다

노후에 행복하려면 좋은 경험을 많이 해야 한까, 좋은 기억을 가져야 할까? 경험은 중요하다. 행복해지기 위해서 여행과 같은 경험을 하는 이유다. 경험을 취사선택해서 뇌에 저장한 것이 기억이다.

그런데 경험한 것을 우리는 어떻게 기억하고 있을까? 과거의 경험은 추억으로 기억되는데 그 기억은 객관적일까 아니면 같은 경험이라도 서로 다른 기억을 갖고 있을까? 결국 기억이 문제다.

부부가 여행을 가면 같은 경험을 하지만 추억은 다를 수 있다. 자녀가 부모에 대해 가지는 기억은 부모가 가진 기억과 다르다. 부모가 잘해 준 경험은 보관하지 않고 잘해 주지 못한 경험만 기억으로 보관하는 경우가 많다. 마찬가지로, 부부는 젊을 때 많은 경험을 공유하지만, 각자의 기억은 다르다. 경험이라는 객관은 사라지고, 각자의 기억이라는 주관만 남는 셈이다.

필자는 아내와 과거의 일을 이야기하다 보면 간혹 서로 다른 기억을 갖고 있음을 알게 된다. 같은 경험인데 필자가 기억을 하지 못하고 있는 게 너무 많다. 아내는 기억에 남아 있고 나는 까맣게 까먹고 있으니, 대화를 할 때면 번번히 오해가 생긴다. 같은 경험을 다르게 기억하는 경우 역시 많다. 나의 기억이 옳지 않고 주관적이듯이, 아내의 기억이 모두 옳다고 할 수도 없다. 부부 대화에서의 마찰은 이처럼 경험과 기억이 다름에도 불구하고 서로 간에 이를 받아들이지 않는 데서 비롯된다.

경험과 기억이 다름은 심리학 실험에서 입증된 바 있다. 노벨 경제학상을 수상한 내니얼 카너먼Daniel Kahneman(1934~2024)은

비수면 대장 내시경을 받는 환자를 대상으로 60초마다 고통의 정도를 말하게 했다.[13]

환자 A는 8분 동안 내시경이 진행되었고, 환자 B는 24분 동안 진행되었다. 환자 A는 8분 만에 끝났지만, 가장 큰 고통의 정도는 8이었고 끝나기 직전 고통의 정도는 7에 있었다 (0은 '고통이 전혀 없음', 10은 '고통스러워 참을 수 없음'이다).

반면에, 환자 B는 10분쯤에 8의 고통을 느끼기도 했으나, 끝나는 24분에는 1 정도의 고통을 느꼈다. B는 A에 비해 3배의 시간을 대장 내시경을 하다 보니 고통의 총량은 A보다 많았다. 그렇다면 A와 B 중 누가 더 고통스러웠다고 기억할까?

예상과 달리 답은 A다. 실험에서 두 가지 사실을 발견했다. 하나는, 고통에 대한 기억은 대장 내시경 중 최악으로 고통스러웠던 순간과 마지막 고통 수준을 합한 값의 평균으로 결정된다는 것이다. 최악의 고통은 A, B 모두 8이고 마지막 순

---

13) 대니얼 카너먼 저, 이진원 옮김(2011),《생각에 관한 생각》, 김영사, pp.458~466.

간의 고통은 각각 7과 1이니 평균을 내면 A와 B는 각각 7.5와 4.5가 되어 A가 B에 비해 높다.

다른 하나는, 고통의 기억에 지속 시간은 영향을 미치지 않았다는 것이다. 마지막에 받는 고통의 크기가 가장 많은 영향을 준다는 뜻이다. 대장 내시경이 고통스러운 순간에 끝나게 된 게 A에게는 불운이었던 셈이다.

우리에게는 경험자아와 기억자아가 있다. 경험자아는 현재의 고통이라는 경험에 대해 대답하는 자아이고 기억자아는 전체적인 느낌에 대해 기억하는 자아이다. 우리가 해외여행을 잘 다니다가 한 가지 불쾌한 일을 경험하게 되면 '이번 해외여행 완전히 망쳤다'고 말한다.

그러나, 사실 우리는 순간의 즐거운 경험이 많았고 그 경험이 다 망가지지 않았다. 다만, 우리의 기억이 전체적으로 망쳤다고 느낀 것뿐이다. 좋은 경험을 했지만 나쁜 마무리가 기억을 흐트러뜨려 놓는다. 셰익스피어의 희곡 〈끝이 좋으면 다 좋아All's Well That Ends Well〉가 괜히 나온 작품이 아니다.

실제 경험과 그 경험에 내한 기억 사이에 일어나는 혼동은 우리들 삶에서 나타나는 강력한 인지적 착각이다. 이런 기억 자아는 우리의 실제 경험을 왜곡하고 우리의 과거 경험이 엉망이라고 판단하게 한다. 많은 좋은 경험을 했지만 한두 가지 큰 고통이나 최근의 고통이 나의 삶을 '모두' 엉망이라고 판단 짓게 만든다. 평균적으로 행복했음에도 우리는 '내 삶은 전체가 엉망이야!'라고 단정 짓는다.

이러한 심리학적 결과가 인생 후반을 맞는 우리에게 주는 시사점이 있다.

우선, 인생 후반에는 과거의 일을 회상하며 대화하는 경우가 많아지는데, 부부의 대화에서 자신이 틀릴 수 있음을 인정해야 한다. 같은 경험을 했더라도 기억이 다를 수 있기 때문이다. 아무리 논쟁을 해도 누구의 기억이 옳았는지 검증할 방법이 없다. 그냥 기억의 다름을 인정하면 오해가 쌓이지 않는다. 내 기억만이 옳다는 고집을 버려야 한다. 상대방의 기억도 존중해야 한다.

둘째, 기억의 인지적 착각을 극복해야 한다. 찬찬히 살펴보면, 누구든 자신의 삶 전체가 엉망이지는 않다. 몇 개의 좋지 않은 경험이 기억에 더 강하게 각인되어 삶 전체가 엉망으로 기억될 따름이다. 나의 경험과 기억을 잘 검토하면서 몇 개의 기억이 전체 삶의 기억을 왜곡하지 않았는지 살펴보고 그 왜곡을 바로잡아야 한다. 행복했던 경험도 기억에 각인시켜야 한다. 앨범을 펼치면 행복했던 경험의 증거들이 있다. 행복한 과정을 겪었지만 결과는 불만족스러울 수 있다. 삶의 결과보다 삶의 과정에 집중해 보자.

마지막으로, 노후에 좋은 경험을 하고 이를 좋은 기억으로 연결할 필요가 있다. 대장 내시경 실험에서 보듯이 끝날 때 나쁜 큰 충격을 받으면 가장 피해가 크다. 삶이 끝날 즈음에 비극적인 소식이 전해진다면 그 사람은 큰 상심으로 삶을 마감하게 된다. 반대로 삶의 후반부에 기쁜 소식을 들으면 과거의 힘든 삶도 하늘의 시련이라 해석하게 된다. 노후에 좋은 경험을 하고, 또한 여기에서 끝나는 게 아니라 좋은 기억으로 이어지도록 해야 한다.

골프를 칠 때, 마지막 18홀을 잘 치면 그날 헤맸던 경험이 단번에 좋은 기억으로 바뀐다. 골프 설계자들은 마지막 홀이 기억에 남는 특이한 코스이거나 좋은 스코어를 낼 수 있는 코스로 해놓는다. 다른 홀은 잘 기억나지 않아도 이 마지막 홀은 뚜렷하게 기억 나도록 한다.

이 기억이 그 골프장을 또 찾게 만든다. 골프장이 마지막 홀을 아름답게 만들거나 어렵지 않게 만들어 놓은 이유다. (물론 아름다우면서 어렵게 해 놓은 곳도 있다. 끝까지 긴장감을 놓지 않게 하고 마지막 역전을 시도하게 한 골프장도 있다. 이것도 마지막의 기억을 각인 시키기 위함이다. 밋밋하고 특징 없고, 평범한 마지막 홀은 최악이다.) 그리고, 연인들이 데이트 할 때는 툭탁툭탁해도 헤어질 때는 키스를 하고 돌아서야 하는 이유다.

경험과 기억은 다르다. 이 둘은 각각 객관과 주관이며, 객관과 왜곡이다. 인생의 전반을 끝내고 후반에 들어서면서 전반의 삶을 평가할 때, 과연 내 삶의 경험과 달리 기억이 왜곡되지 않았는지 살펴봐야 한다. 그리고 삶의 후반전에 좋은 경험과 기억을 많이 갖도록 하면 좋다. 인생 전반의 삶이 삶 전체를 결정하지 않기 때문이다. 오히려 인생 후반의 삶이 경험과 기억이라는 인지 구조에서는 더 중요할지 모른다. 세

익스피어가 말한 '끝이 좋으면 다 좋아'처럼 말이다. 그러려
면 은퇴연옥에서 탈출해야 한다.

삶의 후반 기억을 좋게 할 방법을 2~5장에서 찾아보자.

PERSONA
ARETE
RELATIONSHIP
SELECTION
OPTIMIZATION
COMPENSATION
TAX
INCOME PRICE
SPACE SYMPATHY
SHARE

2장

PAR:

인생 오후
공략법

인생 오후는 상실의 시대라고 하지만 달리 표현하면
'1에서 0'으로 변하는 시기다. 있는 것에서 없는 것으로,
상실의 극단이며 급작스러움이다.
그만큼 스트레스를 많이 받는다. 고독해서 우울증에
빠지는가 하면 분노를 밖에 표출하면서
폭주 노인이 되기도 한다. 급격한 변화 과정을
어떻게 연착륙시킬 수 있을까? 여기서는 페르소나(Persona),
아레테(Arete), 관계(Relationship)를 제시한다.
단어 앞 글자를 따면 PAR다.
인생 오후 파쓰리(PAR3) 공략법이다.

1에서 0으로 변하는
인생 오후

홈즈와 라헤Holmes-Rahe가 만든 스트레스 지수를 보면 상위 10위권에 있는 내용이 배우자 사망, 이혼, 별거, 수감, 가까운 친척의 죽음, 해고, 별거, 은퇴 등이다. '배우자의 사망'은 가장 높은 스트레스 점수를 받고, '작은 파티 참석'은 가장 낮은 스트레스 점수를 받는다.[14]

스트레스 지수 상위 10위권의 공통점이 무엇일까? '있다가 없어지는 것'이다. 1과 0의 디지털적 변화다. 그냥 상실의

---

14) www.simplypsychology.org

시기가 아닌 '급작스런' 상실의 시기다. 인생 오후가 그러하다. 자녀가 같이 있다가 출가하고, 부모님이 계시다가 안 계시고, 직장이 있다가 없어지고, 월급이 꼬박꼬박 들어오다가 뚝 끊기고, 배우자가 곁에 있다가 없게 된다.

더 본질적인 디지털적 변화가 있다. 인생 오후는 사회가 보는 나의 가치가 급락하면서 내가 생각하는 나의 가치와 큰 낙차(落差)가 생긴다. 정년퇴직을 하더라도 내가 생각하는 나의 가치는 그대로다. 몸도 건강하고 전문성도 최고점에 와 있다. 하지만 사회는 그렇게 생각하지 않는다. 60세를 넘기면 받아 주는 곳이 없고 일을 한다 하더라도 소득이 절반으로 떨어진다. 하는 일도 단순한 일이 맡겨진다. 우리나라는 교육 수준에 관계없이 이러한 일들이 무차별적으로 일어난다.

더불어, 나에게 주어진 역할이 사라진다. 인생 오전에는 가정에서 부모와 자식으로서의 역할을 갖고 있고 직장에서 부장, 팀장 등의 역할이 주어진다. 주어진 역할을 잘 수행하면 된다. 하지만 인생 오후에는 역할이 사라진다. 역할이 사라지는 것은 배역을 잃은 배우와 같다.

가정과 직장에서 과중하게 떠맡던 역할이 사라지면, 처음에는 홀가분하지만 시간이 흐르면 점차 배역 없는 배우의 공허함을 느끼게 된다. 역할의 부재는 심지어 자신을 아무짝에도 필요 없는 존재라고 여기게 만든다. 셰익스피어는 "인생은 한 편의 연극"이라고 했다. 연극 무대에서 나의 역할이 사라지는 공허함과 당황스러움을 겪게 되는 것이다.

설상가상 나를 보호해 주고 위로해 주던 관계망이 사라진다. 관계망은 20년 이상 키워온 아름드리 참나무와 같다. 햇볕, 바람, 비를 넉넉히 막아 준다. 부부, 가족, 친구, 사회의 관계망은 인생 오전에 귀찮을 정도로 확대되지만, 인생 오후에 접어들면 급격하게 축소된다.

사회적 관계망은 퇴직하고 나면 아침 햇살에 이슬 사라지듯 한다. 가족 관계망도 부부만 남는다. 커다란 참나무가 인생 오후가 되면 이제 내 몸 하나 피하기도 어려운 작은 참나무가 되어 버린다.

이처럼, 인생 오후에는 사회에서 생각하는 나의 가치가 일순간에 사라진다. 과중한 부담으로 나를 억누르던 역할과 책임도 함께 사라진다. 그리고 나를 보호해 주고 안식처를 주던 관계망마저 협소하게 줄어들어 간다. 변화가 워낙 급하게 일어나 디지털적이다.

변화가 큰 만큼 받는 스트레스도 크다. 어떻게 대응해야 할까? 변화에 대해 페르소나Persona를 바꾸고, 나의 가치를 부단히 지키기 위해 아레테Arete를 발현한다. 그리고 나를 위로하고 기운을 북돋아 줄 관계망Relationship을 양적·질적으로 변화시켜야 한다. 인생 오후의 변화무쌍함을 PAR로 공략해야 한다. PAR는 인생 오후의 디지털적 변화에 대응할 수 있는 세 무기다.

전략 1:
페르소나(Persona)

페르소나(Persona)와 셀프(Self)

지인 중에 감독원 부원장까지 지내고 교수를 하던 분이 있는데 잠시 공백 기간 중에 한국은행의 친구를 만나러 갔다고 한다. 집에 있다가 편하게 한국은행으로 갔는데 정문을 관리하는 사람에게 친구 만나러 왔다고 하자 대뜸 '어디서 오셨나요?'라고 묻기에 명함도 없고 얼떨결에 '집에서 왔습니다'라고 답했다고 한다. 자기의 사회적 정체성을 나타내 줄만한 게 없어져 버렸기 때문이다.

역시 교수를 지낸 지인의 이야기다. 교수는 퇴직을 하면 일정한 근무 경력 이상이면 명예교수 명함을 준다. 명예교수라고 별다른 대우가 있는 것은 아니다. 그런데 지인의 동료 교수 한 명은 그 연수를 채우지 못해 명예교수 명함을 받지 못하게 되었다. 학과장이 해석하기에 따라 명예교수 직함을 줄 수도 있었지만, 현직 중에 그와의 사이가 별로 좋지 않았던 탓에 원칙대로 근무 연수가 적용된 것이었다. 그래서 정년퇴직 후에 사람들에게 보여줄 만한 명함이 없어서 상당히 괴로웠다고 한다. 명함 하나가 중요한 사회적 정체성을 만들어 준다. 이러한 사회적 징체성을 나타내 주는 명함이 일종의 '페르소나'다.

페르소나는 우리에게 익숙한 단어이지만, 그 기원을 거슬러 올라가면 고대 그리스 시대까지 이른다. 그리스 연극에서 배우들이 쓰던 가면mask이 바로 페르소나이다. 웃고, 울고, 화내고, 놀라는 실로 다양한 모습이 있다. 몇 가지의 표정을 넘어 섬세한 감정의 차이들이 다양한 페르소나에 표현되어 있다. 페르소나는 단순히 얼굴을 가리는 도구가 아니었다. 배우가 연기하는 인물의 성격, 감정, 사회적 지위 등을 상

징하는 중요한 매개체였다. 이 단어가 오늘날 개성personality
의 어원이 된다.

이제 페르소나는 단순한 가면을 넘어 개인의 정체성이나
사회적 역할을 의미하게 되었다. 나아가서 어떤 사람이 사회
적 상황에서 보이는 특정한 성격이나 역할을 의미한다. 이
는 개인의 진정한 자아와는 다를 수 있으며 사회적 상호 작
용에서 나타나는 이미지나 인상을 포함하고 있다. 마치 고대
그리스 연극에서 상황에 맞는 가면을 바꿔 쓰듯이, 오늘날의
우리도 우리의 역할에 맞는 페르소나를 쓰고 있는 셈이다.

예를 들어, 판사들은 법복을 입고, 피고인들에게 엄중하게
말하며, 위엄 있는 걸음으로 법정을 드나든다. 이게 그들의
진정한 모습은 아니다. 법관이라는 사회적 역할에 맞게 이미
지를 나타내는 것이다. 판사를 그만두게 되면 더 이상 이런
페르소나를 쓰지 않는다.

하지만, 그 직업에 오래 있다 보면 그 페르소나가 자신의
본 모습이라 착각하게 된다. 알면서도 이를 바꾸지 못하는
사람도 많다. 페르소나는 사회적 상호 작용에서 나타나는 이

미지다. 따라서 상호 작용이 바뀌면 그에 맞게 변해야 하는
데 변하지 못하는 것이다.

심리학에서 페르소나라는 개념을 확립하고 심층적으로 연
구한 사람이 칼 융Karl Jung이다. 융은 페르소나를 자신의 내면
깊숙한 곳에 숨겨진 진정한 자아를 가리기 위해 외부 세계
에 보여주는 가면이라고 보았다. 개인이 외부 세계와 상호작
용할 때 사용하는 '가면'이나 '외적인 자아'인 셈이다. 이는 사
회적 역할과 기대에 부응하기 위해 개인이 드러내는 이미지
이다. 인간이 세상에 적응하면서 살아가기 위해 외부 환경에
적절한 태도를 취하는 과정에서 형성된 것이다.

페르소나는 개인이 사회적 환경에서 적응하고 기능하는 데
도움을 주지만 융은 이 개념이 개인의 진정한 자아와는 구별
된다고 보았다. 그래서 페르소나를 개인의 진정한 자아와 혼
동해서는 안 된다고 경고했다.[15] 융은 페르소나가 사회적 적

---

15) 융은 외부 세계에 대한 태도를 '페르소나', 내부 세계에 대한 태도 즉, 내면 깊은
곳의 나를 '아니마(anima)'라고 불렀다. 출처: 가와이 하야오 지음, 가와이 도시
오 엮음, 김지윤 옮김(2018), 《카를 융 인간의 이해》, 바다출판사.

응에 필수적이지만 이에 지나치게 의존하거나, 자신의 진정한 자아를 억압하지 않도록 주의해야 한다고 했다. 자칫하면 진정한 자아 없이 가면을 쓴 삶을 살아갈 수 있기 때문이다.

사람들은 왜 페르소나를 쓸까? 왜 진정한 자아와 다른 사회적 역할의 가면을 쓸까?

우선, 사회생활을 하기 위해서는 다양한 사람들과 관계를 맺어야 하고, 그 과정에서 우리는 만나는 상대방에게 상황에 맞는 나의 적절한 모습을 보여줘야 하기 때문이다. 역할극을 하는 셈이다.

둘째, 자기 보호다. 진정한 자신을 드러내는 것이 두렵거나 위험하다고 느낄 때, 페르소나를 통해 자신을 보호하려는 측면이 있다. 퇴직하고 나서도 자신의 역할이 사라진 것을 받아들이기 힘들어 퇴직 전의 직책을 사용한다. 퇴직 전 가장 높은 사회적 직책으로 불리기를 원한다.

셋째, 사회적 기대에 부응하기 위해서다. 회사의 대표이사가 되면 사회는 우리에게 거기에 맞는 특정한 역할과 행동을 기대하고, 이러한 기대에 부응하기 위해 대표이사의 페르소나를 활용해야 한다. 영화 〈광해, 왕이 된 남자〉에서는 한 광대(이병헌 분)가 독살 위기에 놓인 왕을 대신해 가짜 왕 역할을 하게 된다. 처음에는 왕 노릇이 어설펐지만 시간이 좀 지나면서 천민이었던 가짜 왕은 진짜 왕처럼 행동하게 된다. 왕이라는 기대에 부응하기 위해 자신의 자아와 다른 페르소나, 즉 가면을 쓴 것이다.

이러한 페르소나는 양면성이 있다. 사회적 관계를 잘 형성하고, 자기를 보호하고, 사회적 기대에 부응하여 사회가 잘 작동하도록 하는 긍정적인 측면이 있다. 하지만, 과도하게 페르소나에 의존하면 진정한 자기를 잃어버릴 수 있다. 인간 홍길동, 자연인 홍길동을 억압하고 '평생 ○○기업 부장 홍길동'으로 살아간다. 페르소나에 자아가 과도하게 억눌려진다.

퇴직 후에도 퇴직 전의 페르소나를 계속 쓰고 있을 때 특히 부정적인 면이 부각된다. 직장을 나왔는데도 계속 그 직장에 다니는 것처럼 하면서, 심지어 가족을 속이기까지 한다. 겉으로는 타인의 시선으로부터 보호받는 것처럼 보이지만 실제로는 자아와의 갈등이 극대화된다.

- ☐ 오랜 기간 특정 페르소나를 유지해 오면서 그것이 자신의 본래 모습이라고 생각한다.
- ☐ 특정 페르소나를 통해 얻는 사회적 인정, 지위, 권력 등을 잃을까 두렵다.
- ☐ 주변 사람들의 기대에 부응하려는 압박감이 크다.
- ☐ 지금의 역할에서 벗어나는 것은 마치 나를 잃는 것처럼 인식된다.
- ☐ 새로운 환경, 관계, 역할 등의 변화가 두려워 익숙한 지금의 페르소나를 고수하고 싶다.
- ☐ 타인에게 인정받고 싶어 하는 욕구가 크다.

현재의 사회적 역할에 맞는, 그리고 현재의 사회적 상호작용을 원활히 할 수 있는 페르소나로 바꿔 써야 한다. 직장 상사로서의 페르소나와 가정에서 아빠로서의 페르소나가 다르듯, 인생 오전과 오후에 쓰는 페르소나도 다르다. 정신 건강이 좋은 사람은 페르소나 하나를 평생 고집하지 않고 때에 맞게 잘 바꾸는 사람이라고 한다.

김낙수 부장의 페르소나 벗기

드라마 〈서울 자가에 대기업 다니는 김 부장〉은 김낙수 부장이 퇴직금으로 받은 5억 원에 5억 5,000만 원을 빌려 상가를 사서 월 1,000만 원 월세를 받는 것을 꿈꾸다가 분양 사기에 걸려 버린 사건이 주요 내용이다.

10억 5,000만 원 상가에 월 1,000만 원을 받으려면 11%의 수익률을 얻어야 한다. 그래서 여러 기사에서는 김낙수 부장이 상가가 아닌 커버드콜 ETF를 샀으면 안전하게 월 1,000만 원을 벌었을 거라고 이야기한다. 커버드콜 ETF는 금융사기를 당할 위험은 없다. 하지만 그렇게 만만하게 볼 일은 아니다. 세상에서 안전하게 월 1%를 얻을 수 있는 자산을 찾기는 어렵다.

사실 김 부장 이야기의 주제는 다른 데 있다. 상가 사기보다 더 보편적이고 중요한 문제이다. 바로 '페르소나 벗기'이다. 아마 직장인이 가장 오래 쓰고 있는 페르소나는 그 '직장맨'으로서의 가면일 것이다. 요즘은 덜하지만 이전에는 '삼성맨', '현대맨' 등으로 부를 정도였다.

김 부장도 25년 동안 통신회사 ACT의 페르소나를 쓰고 있었다. 가족보다 더 친밀하게 지냈다. 지금의 상무와는 사원, 대리 관계에서부터 동고동락했다. 회사 일이 바빠 자기 아들의 졸업식은 한 번도 못 갔지만 상사 자녀의 졸업식은 모두 챙긴 김 부장이었다. 'ACT 다니는 김 부장'이 자신의 정체성이었다. 심지어 그의 형도 다른 사람들에게 동생을 소개할 때 ACT에 부장으로 있다고 말한다.

그런데, 대기업 김 부장이라는 페르소나는 회사를 나오면서 아무 짝에도 쓸모없는 것이 되었다. 호기롭게 사표를 냈지만 막상 재취업을 하려니 월급이 200만 원 남짓이다. 재취업도 쉽지 않다.

여우가 호랑이의 위세를 빌린다는 호가호위(狐假虎威)란 말이 있다. 여우는 호랑이에게 잡아먹히기 전에 자신의 위대함을 보여줄 테니 따라와 보라고 한다. 호랑이가 여우 뒤를 따라가니 다른 동물들이 모두 놀라서 도망을 간다.

김 부장 뒤에는 바로 호랑이격인 ACT가 있었다. 하지만 ACT 후광이 사라지자 그냥 중년의 아저씨가 되어 버린다.

그럼에도 김 부장은 계속 ACT의 페르소나를 쓰고 있으려 애쓴다.

김 부장은 그러다 분양 사기를 당한다. 상대방이 '역시 대기업 부장님은 보는 눈이 다르고 일 처리하는 게 다르다'고 치켜세우자 덜컥 계약을 진행해 버린다. 아마도 대기업 부장으로서의 과감하고 신속한 의사 결정을 보여주고 싶었을 것이다.

사실, 김 부장은 ACT 페르소나를 벗어 버리기 위해 무진 애를 많이 쓴다. 상무가 자신을 한 번만 도와주면 중소기업 임원 자리에 꽂아주겠다고 하지만 이를 거절한다. 그리고 세차장을 선택한다. 대기업 부장의 페르소나를 던져 버린 것이다. 쉽지 않은 결단이다. 심지어 자신이 다니던 회사의 임원 차를 세차하는 입찰에 응모해서 합격한다. 이 정도 노력은 보통 사람이 못 따라 한다. 백전노장의 영업맨이기에 가능한 일이다.

하지만 김 부장은 계속 마음이 편치 않다. 공황장애도 지속된다. 결국 술을 마시고 돈이 없어 집까지 걸어가다가 탈진한 상태에서 자신의 진짜 자아와 대화를 한다. 자신이 왜 이렇게 회사의 타이틀에 목을 매고 상무라는 직함에 올인했는지 반추한다. 그리고 ACT 부장이나 상무라는 페르소나가 집요하게 얼굴에 붙어 있다는 걸 깨닫는다.

필자는 요양원에 어머니를 찾아뵈러 갔다가 엘리베이터에서 휠체어를 밀고 오는 남성을 만났다. 생면부지의 사람인데 필자에게 인사를 하길래 물어보니 유튜브에서 필자를 봤다고 한다. 자신은 현대차에서 30년 영업을 하다 보니 한번 본 얼굴은 기억한다고 했다. 그는 퇴직 후 물리치료 일을 하고 있었다. 표정도 좋고 무엇보다 생기 있게 보였다. 이 남성이 페르소나를 바꾸는 과정에서 어떤 일이 있었는지는 알 수 없다. 하지만 현재는 현대차의 페르소나에서 요양원 물리치료사로서의 페르소나로 잘 바꿔 쓰고 삶도 행복해진 것 같다.

페르소나를 벗기는 쉽지 않다. 특히 직장의 페르소나는 그 가면을 너무 오래 써서 얼굴에서 떨어지지 않는다. 그래서, 그 페르소나를 자신의 원래 얼굴이라 착각한다. 페르소나를 벗었다 하더라도 자신의 민낯에 당황하게 된다. '부상님, 부장님' 소리를 듣다가 그냥 아저씨 소리를 들을 때다. 조직의 보호막이 사라지면서 넓은 벌판에 덩그러니 서 있는 개인을 발견하게 된다. 심하게는 무리에서 쫓겨난 수사자 신세가 된다.

김낙수 부장은 세차장을 계속 하지만, 처음 세차장을 시작할 때와 극의 마지막에서 세차장을 할 때의 행복도가 다르다. 처음에는 억지로 자신을 낮추려 하면서 마음의 괴로움은 커져갔지만 극의 후반부에서는 그런 저항감이 없어졌다. 김 부장은 본래의 자신을 용기 있게 마주하면서 자신을 받아들이게 되었다. 대기업 김 부장이라는 페르소나를 벗어 버린 후의 민낯을 두려워하지 않았기 때문이다.

필자도 2025년을 끝으로 미래에셋의 페르소나를 벗었다. 직장 다니던 27년 동안 사람들을 만날 때마다 '미래에셋 김경록입니다'라고 말해 왔는데, 이제는 이렇게 말하지 못한다.

변해야 한다. 하나의 희망이라면 사람들은 의외로 변화에 적응을 잘 한다는 점이다. 과거의 명성에 집착하고 미래의 적응에 어려움을 겪는다고 하는데, 필자 주변의 친구들을 보면 그렇지 않다. 그러니 과거의 명성에 과도한 비중을 두지 말고 미래의 적응에 너무 근심하지 말자.

매몰비용은 많고 적응비용은 적다

커플이 영화표를 4만 원에 구입하여 보고 있는데, 영화가 지독하게 재미없다면 어떻게 해야 할까? A는 4만 원이 아까워 계속 보자고 하고, B는 4만 원은 어차피 지불한 비용으로 되돌릴 수도 없으니 영화관에서 나와 밀린 일을 하자고 한다.

누가 합리적인 선택을 한 것일까? 강의 때 사람들에게 물어보면, 남자들은 잔다는 사람이 많고, 여자들은 그냥 본다는 사람이 많다. 답은 B이다. A는 이미 지출되어 회수할 수 없는 비용을 떨쳐 내지 못하고 집착하다 보니 다른 기회를 놓쳤기 때문에 비합리적인 선택을 했다고 볼 수 있다. 자는 것은, 아까워서 영화를 계속 보는 것보다는 합리적인 선택이다.

비슷한 사례가 많다. 책을 사서 읽다가 재미가 없으면 지불한 책값은 상관하지 말고 그 책을 덮고 다른 책을 사서 읽어야 한다. 지인은 책을 읽다가 '이건 아니다'라고 생각되면 바로 읽기를 중단하고 다른 책을 본다고 한다. 사람의 선택이 항상 옳을 수는 없으므로, 책을 잘못 선택했을 경우 그것을 비용으로 간주해야 한다. 그런데 대부분의 사람은 지불한 돈이 아까워서 재미없는 책을 끝까지 읽는 비합리적인 선택을 한다.

큰 프로젝트에서도 이런 일은 발생한다. 야심차게 프로젝트를 시작했지만, 예상하지 못한 환경 변화와 생각하지 못했던 변수가 생겨나 프로젝트의 성공 확률이 낮아질 수 있다. 그런데도 지금끼지 투자한 비용 때문에 계속 그 프로젝트에 돈을 넣는 경우가 너무나도 많다. 이미 지출한 돈은 비용으로 처리해야 한다. 금융기관은 빌려준 돈을 받기 어렵게 되거나 투자한 자산의 회수 가능성이 낮아지면 비용 처리한다. 회사에 다니는 사람들이라면 '비용 처리해 버려'라는 말을 많이 들을 것이다.

이처럼, '이미 지출되어 회수할 수 없는 비용'을 매몰비용 sunk cost이라고 한다. 이는 인간의 합리적인 선택을 방해하는 중요한 요인이다. 재미없는 영화를 계속 보고, 잘못 선택한

책을 계속 읽고, 가능성 없는 프로젝트에 계속 돈과 인력과 시간을 투입하며 매달린다.

선택에서 매몰비용의 중요성을 강조한 사람이 대니얼 카너먼Daniel Kahneman 교수이다. 심리학자로서 노벨경제학상을 받은 그는 1934년 3월에 태어나서 2024년 3월에 90세가 되자 세상을 떠났다. 저렇게 월까지 맞춰서 정확하게 90세를 살고 가는 게 좀 이상해 보인다. 실제로 최근에 밝혀진 바에 따르면, 카너먼 교수는 조력사를 통해 90세에 딱 맞춰 스스로 죽음을 택했다고 한다.[16]

카너먼 교수는 평소 입버릇처럼 자신은 '매몰비용이 제로(0)'라는 말을 했다. 매몰비용이 제로이니 매몰비용 때문에 비합리적인 선택을 하지 않는다는 뜻이다. 즉, 과거가 아니라 미래 효용을 기준으로 판단한다는 뜻이다. 그의 자발적 죽음도 매몰비용이 제로인 자신의 철학을 대변했다고 볼 수 있다. 카너먼 교수는 90세 이후의 자신의 삶의 모습을 감안

---

16) 중앙일보(2025.3.16. 22:27), "노벨 경제학자 자연사 아니었다…1년 만에 밝혀진 죽음 ⌐내막."

하여 최선의 선택을 하고자 했다. 아마 그 삶은 재미없는 영화라고 판단한 듯하다.

실제로 카너먼 교수는 부인이 인지증(치매)을 앓는 동안 그 힘든 과정을 지켜보았고, 이후 홀로 있을 자신의 삶의 비효용을 생각했을 수 있다. 그래서 앞으로 펼쳐질 재미없는 영화를 더 보지 않고 영화관을 훌쩍 나선 듯하다. 그는 자신의 신념을 바탕으로 삶과 죽음의 선택을 함으로써 매몰비용의 중요성을 몸으로 보여주었다.

개인의 생애에 있어서 매몰비용은 삶의 시간이 이어질수록 많아진다. 갓난아기는 매몰비용이라 할 만한 게 없지만, 60년의 삶을 이어 온 사람은 지금까지 지출하거나 투자해 온 게 많다. 자신이 이루어 놓은 성과 때문에 이를 버리고 다른 일을 새로 시작하기가 어렵다.

자녀에게 오랜 세월 많은 금전적·비금전적 지출을 해 왔지만 마음에 안 들 경우가 있다. 그 비용을 물릴 수는 없으니, 이는 매몰비용이다. 이런 것은 비용 처리를 해버려야 한다. 자녀에게 투자했기에 받아야 한다는 생각보다 자녀와 나의 미래의 관계에 가장 도움이 될 선택을 해야 한다. 부부의 관계도 마찬가지다. 부부의 관계에 관해서는 서구 사람들이 한국인에 비해 매몰비용을 덜 생각하는 것 같다. 부부가 맞지 않으면 과거에 연연하지 않고 헤어진다.

지금까지 직장에서의 업적과 사회에서의 위치도 매몰비용이다. 카너먼 교수는 노벨경제학상을 수상했다는 엄청난 업적을 갖고 있었다. 하지만 합리적인 선택을 하려면 이런 것에 얽매이지 않고 앞으로 펼쳐지는 삶에서 최선의 선택이 무엇인지 생각해야 한다. 그래서, 카너먼 교수는 조력사를 선택했다.

영화 〈인턴〉에서 로버트 드니로는 전화번호부 제작회사의 부사장까지 지냈지만 70세에 인턴을 지원했다. 왕년에 부사장까지 한 사람이었다는 생각을 가지고 있으면 30대 사장 밑에서 일하는 인턴이 되지 못한다. 필자의 주변에는 은행의 임원을 하면서 퇴직 후를 대비해 경영지도사 자격증을 딴 사람도 있고, 공무원을 하고 퇴직한 후 아파트 관리소장을 하는 친구도 있다.

노후에는 복잡하게 쌓여 있는 것을 덜어 내는 작업이 중요하다. 짐만 정리가 필요한 게 아니다. 무엇보다 젊을 때 만들어 놓았던 자신의 세계나 관점이 노후에는 매몰비용이 될 수 있음을 유의해야 한다. 심리학자 칼 융은 '인생의 오전을 위해 만든 프로그램으로 인생의 오후를 살 수는 없다'고 했다.

물론, 매몰비용을 고려하지 않는 것이 과거를 무가치하게 보는 것은 아니다. 과거의 경험이 지금의 소중한 자산을 만들었고 충분한 가치가 있다. 〈인턴〉의 로버트 드니로는 출근 첫날 모두 자유로운 복장인 IT 회사에 정장으로 넥타이를 매고 나간다. 그는 복장을 통해, 권위를 내세우지는 않았지만 그 세대의 품위를 보여주었다. 이는 버려야 할 것이 무엇이고 지켜야 할 것이 무엇인지 잘 보여준 장면이다.

과거를 매몰비용으로 떨쳐 내고 미래를 바라보려 할 때, 새로운 환경에 적응하는 비용이 과다하게 커 보일 수 있다. 하지만, 사람들은 경험하지 않은 미래의 적응비용을 과대평가하는 경향이 있다. 직접 닥치면 사람은 빠르게 적응하는 동물이라 그 비용이 크지 않다.

필자는 회사 사무실을 압구정, 여의도, 을지로, 광화문으로, 그리고 오피스 사무실도 두 번을 옮겨 봤다. 옮기기 전에는 항상 지금 있는 곳을 떠나기 싫었다. 하지만 일단 옮기고 나면, 그러한 생각은 하루만 지나면 사라졌다.

20대 때 읽은 중국 이야기다. 대략 이런 스토리다. 한 마을에 처자가 용모가 뛰어나서 황제의 후궁으로 간택되어 들어가게 되었다. 그녀는 궁궐로 가기 전까지는 이 좋은 곳을 왜 떠나야 하느냐며 울음으로 날을 보냈다. 그런데 막상 궁궐에 들어가서 생활을 해 보니 생각보다 너무 좋았다. 그녀는 '내가 왜 그런 어리석은 생각을 했든가?'라고 실소하며 이전의 생활은 까맣게 잊었다고 한다. 필자는 변화가 있을 때마다 이 이야기를 떠올린다.

아카데미상을 휩쓴 영화 〈에브리씽 에브리웨어 올앳원스 Everything Everywhere All at Once〉는 다중우주, 즉 멀티버스multiverse를 다룬다. 머리 옆의 버튼을 누를 때마다 다른 평행우주에서의 삶이 펼쳐진다. 삶은 이와 비슷하다.

우리가 가보지 않은 길에 한 발을 내딛으면 그 발걸음부터 새로운 세계가 펼쳐진다. 필자가 퇴직을 하고 투자와 은퇴에 관한 강연의 세상으로 발을 내딛었을 때도 훨씬 크고 다양한 세계가 펼쳐졌다. 삶은 다중우주와 같다. 수많은 삶의 우주가 여러분 앞에 놓여 있고 발을 내딛는 순간 펼쳐진다.

적응비용이 너무 클 거라고 지레 겁먹지 말자. 매몰비용을 과소평가하고 적응비용을 과대평가하면 삶은 비합리적 선택을 벗어나지 못한다. 매번 과거에 머물러 한 발짝도 앞으로 나아가지 못하고 이전의 페르소나를 고수하게 된다. 그 반대여야 한다.

어떻게 하면 될까? 대부분은 변하려는 마음가짐이 중요하다고 답한다. 그런데 변하려는 마음은 어떻게 해야 가질 수 있나? 정신 승리만 강조하면 안 된다. 합리적 선택의 관점에서 보면, 매몰비용에 연연하지 않고 제로(0)로 보는 한편, 미래의 적응비용을 과대평가하지 않는 태도가 필요하다.

아레테(Arete)

깊은 물에 그물을 내리자

성경에 나오는 이야기다. 예수의 제자 베드로는 밤새 그물을 던졌지만 물고기를 잡지 못했다. 어부가 생업인 베드로가 열심히 그물을 던졌지만 한 마리도 잡지 못했으니 그의 심정이 오죽했을까? 그는 참담한 절망을 느끼며 해변에서 그물을 씻고 있었다.

그때 예수께서 베드로에게 다가가 '깊은 데로 가서 그물을 내리라'(누가복음 5장 4절)는 말을 한다. 베드로는 반신반의했지만 그의 말을 따라 깊은 곳에 그물을 던졌다. 그랬더니 물고기가 많이 잡혀 그물이 찢어질 정도였고, 두 배에 실었더니 배가 가라앉을 지경이었다. 밤새 고기를 잡다가 포기하고 있었는데 예상치 않은 큰 수확을 거둔 것이다. 인생의 오후를 맞는 우리에게 많은 시사점을 주는 이야기다.

필자는 '인생 후반에 일의 가치는 어디에 있을까?'라는 질문을 강의 때 자주 물어본다. '돈을 벌기 위해서'라는 답도 있지만, 의외로 '자기실현, 건강, 시간 보내기' 등으로 답하는 사람들이 많다. 소위, 일이 가지는 비경제적 가치다. 적정한 일은 건강을 증진하고, 삶의 의미를 가져다주며, 관계와 교제를 가능하게 해 준다. 노후의 일에서 이러한 비경제적 가치를 찾을 수 있다면 그것만으로도 큰 성공이다.

하지만 장수시대에 인생 오후 일의 가치는 여전히 과거의 범주에 머물러 있어야 할까? 필자는 일의 비경제적 가치를 추구하는 것만으로도 훌륭하지만 한 단계 더 눈높이를 높여 보라고 한다. 깊은 물에 그물을 던져 예상치 못하게 많은 물고기를 잡을 수 있듯이, 노후 일의 가치에 대한 기준을 한 단계 높이면 뜻하지 않은 수확이 생길 수 있기 때문이다.

이노 다다타카(1745~1818)는 일본 에도 시대의 사람이다. 17세 때 양자로 들어가 크게 부를 이루었다. 그러나 그는 50세 때 장남에게 가업을 물려주고, 30대 초반의 천문학자를 스승으로 모시고 천문학 공부를 시작했다. 당시 50세면 지금으로 보면 족히 70세는 되었다고 봐야 한다.

그때는 천문학 기구들이 값이 비쌌는데, 이노는 이를 감당할 여력이 충분히 있었다. 홋카이도를 실측해 지도를 만들었더니 막부는 그에게 일본 전역의 지도 제작을 의뢰한다. 1800년에 그는 막부로부터 지도 제작 의뢰를 받고 17년간 일본 전역을 돌아다니며 실측을 진행한다.

이노가 실측을 위해 걸어 다닌 거리는 지구 둘레의 85%에 이른다. 실측을 마친 후 자료를 가지고 지도를 제작하던 이노는 안타깝게도 2년 후 73세의 나이로 세상을 떠났고, 제자들이 그 지도를 완성했다. 이것이 일본 최초의 실측 지도로, 위도 1도의 오차가 1/1,000에 불과하다.[17]

1/) 신상복(2017), 《학교에서 가르쳐주지 않는 일본사》, 뿌리와이파리.

이노는 왜 천문학 일을 했을까? 건강을 위해서? 삶의 의미를 찾기 위해서? 윌리엄 서머셋 몸William Somerset Maugham이 쓴 소설 《달과 6펜스》에서 그 답을 찾을 수 있을 것 같다. 이 소설은 화가 폴 고갱Paul Gauguin을 모델로 해서 쓴 소설이다. 주인공은 런던에서 주식 브로커를 업으로 삼으며 돈을 잘 벌고 있었는데, 어느 날 모든 것을 버리고 파리로 그림을 그리러 떠난다. 그리고 파리에서 화가로 활동하다가 타히티 섬으로 들어가 그곳에서 그림을 그리며 여생을 마친다. 고갱은 자신의 예술과 철학을 집대성한 그림을 마지막으로 남겼다. 〈우리는 어디서서 왔는가? 우리는 무엇인가? 우리는 어디로 가는가?〉라는 작품으로 가로 3.7미터 세로 1.4미터에 달하는 대작이다.

소설 속에서 주인공은 '그림을 그리려고 파리에 왔다'고 하지 않고, '나는 그림을 그려야만 한다'고 말한다. 마치 칼은 응당 물건을 베기 위해 있듯이 말이다. 이노 역시 젊어서부터 품어 온 천문학 일을 해야만 했던 것이다. 바로 이 성질이 '아레테Arete'다.

아레테는 그리스말로 '탁월함' 혹은 어떤 사물이 드러내는 뛰어난 가치 등을 의미한다. 아레테는 'OO의 아레테'로 쓰인다. 달리기 선수의 아레테는 잘 달리는 것이고, 칼의 아레테는 물건을 잘 자르는 것이며, 목수의 아레테는 집을 잘 짓는 것이다.

이처럼, 아레테는 개인이나 사물이 가지는 고유한 기능을 가장 잘 수행하는 상태, 즉 자신의 본성에 맞게 최고의 상태에 도달하는 것을 말한다. 아리스토텔레스Aristotle는 아레테를 인간의 최고선으로 보았고, 행복한 삶을 위해서는 각자의 아레테를 실현해야 한다고 말했다. 그런 의미에서 이노의 아레테는 천문학이었다.

60세 이후 건강한 삶이 20년 정도 있다면 일의 다른 가치를 추구해 볼 만하다. 일의 가치를 한 단계 더 깊이 들어가서 자신의 강점, 자신의 아레테를 실현하는 것이다. 자신의 잠재력을 발견하고 이를 발전시켜 자기 자신이 될 수 있는 최고의 모습에 도달하려는 노력이다.

'모제스 할머니'로 알려진 미국의 그랜마 모제스Anna Mary

Robertson Moses(1860~1961)는 농부였던 남편이 사망하자 78세 때부터 그림을 그리기 시작하여 101세에 죽을 때까지 1,600여 점에 이르는 작품을 완성했다. 병수발을 들던 남편을 저 세상으로 보낸 후, 이제 뭘 할까를 고민하고 있던 중 평소 그림 그리기를 좋아하는 엄마를 본 딸의 권고로 시작하게 되었다.[18]

지성이면 감천이라고 했던가. 동네 약국에 팔려고 걸어 놓은 그림을 우연히 그 동네를 지나가던 화상(畵商)이 보았다. 그의 주선으로 뉴욕에 전시회를 열게 되면서 그랜마 모제스의 그림은 미국 전역에 알려지게 된다. 처음에 3~5달러에 팔리던 그림들은 그녀가 유명해지면서 8,000~10,000달러에까지 팔리게 되었다. 그랜마 모제스는 그림을 그리는 자신의 아레테를 인생 후반에 실천하고 이를 최고의 모습까지 끌어올렸다.

모제스 할머니 시절에는 101세까지 장수하며 인생 후반을 30여 년 사는 것이 특이한 일이었다. 그래서 많은 사람이 지

---

18) 김덕영(2013), 《뒤늦게 발동걸린 인생들의 이야기》, 다큐스토리.

금 모제스 할머니를 언급하는 것이다. 하지만 지금 같은 장수시대에는 누구나 모제스 할머니가 될 수 있다. 이노 다다타카도 될 수 있다. 자신의 아레테를 발현시켜 최고의 경지로 끌어올리는 삶을 살 수 있는 시대가 온 것이다.

고령화를 앞서 경험한 일본에서는 60대를 넘어서 신춘문예에 등단하는 사람들이 속속 나오고 있다. 2012년에 학습지 편집장인 후지사키 가즈오(74세)가 군조 신인문학상을 타면서 돌풍을 일으켰다. 이어 2013년에는 중고교 교사를 하던 구로다 나쓰코라는 당시 75세의 여성이 아쿠타카와상을 탔다.[19] 또한, 2018년에는 와카타케 치사코(64세)가 같은 상을 탔다. 그녀는 2017년에 최고령자로 분게이상을 수상한 경력이 있다.[20]

고령 응모자들의 오랜 인생 경험을 바탕으로 한 작품들이

---

19) 조선일보(2013. 1. 8. 03:00), "[오늘의 세상] 올해 日 최고 권위 신인 문학상 후보에 '75세 문학소녀'."

20) 동아일보(2018. 8. 30. 03:00), "日 작가 와카타케 치사코 '할머니 된 뒤 이룬 작가의 꿈… 나이 들면 자기 주도권 생겨 좋아'." 작가는 55세 남편과 사별한 뒤 소설 쓰기 강좌를 들으며 8년 만에 자전적 소설을 발표했다.

호평을 받고 있는 것이다. 일본은 문예상 응모 시 나이를 묻지 않거나 스스로 기재하지 않으면서 나이의 편견을 최소화하려 하고 있다.

우리나라도 마찬가지다. 하기주(1939년생) 작가는 코오롱 대표이사를 지내고 은퇴하여 글쓰기에 매달렸다. 그리하여 84세에 《목숨》이라는 3권의 장편소설을 펴냈다. 마산, 창녕, 함안, 남지 등을 중심으로 하여 일제 강점기의 한 가문에 대한 이야기를 썼다. 하 작가는 학창 시절 문학상을 받을 만큼 글에 재능이 있었지만 직장 생활 동안 펜을 놓았고, 60대에 은퇴를 하고 나서 소설 집필을 시작했다. 하 작가는 앞으로 해방 이후의 마산 이야기를 써볼 계획을 가지고 있다.

강만수 전 기획재정부 장관은 2022년인 77세에 한국소설 신인상 단편소설 부문에 당선되어 문단에 등단했다. 그는 경남고등학교 2학년 때 소설가가 되겠다며 자퇴한 적이 있을 정도로 글쓰기를 좋아했다. 하지만 글쓰기보다 공부가 쉽다는 선생님의 말에 다시 학교로 돌아왔다.[21]

이후 행정고시에 합격해 관료를 지내던 그는 결국 은퇴한 후 자신의 아레테인 글쓰기를 시작했다. 강 전 장관에게 글쓰기는 거부할 수 없는 운명이다. 저명인사임에도 불구하고 늦은 나이에 문예지 등단을 고집하는 정석의 길을 밟았다.

장수시대에 인생 후반의 일을 선택할 때는 한 단계 더 깊이 가치를 두어 보자. 건강, 시간 보내기, 취미, 관계와 같은 비경제적 이유로 일을 선택하는 것도 좋지만, 자신의 강점, 자신이 응당 해야 할 일, 즉 아레테를 찾고 이를 실천해 가는 것이다.

필자는 요즘 글을 쓰고, 강의 준비를 하고, 강의를 한다. 일주일 내내 사무실에 나온다. 그냥 이 일이 자연스럽기 때문이다. 40대 초반에 채권 운용 책임을 맡으면서 신문에 관련 칼럼을 쓴 게 우연은 아니었던 듯하다. 대학 때의 성적증명서를 무심코 보니 글쓰기를 주로 했던 국어 과목이 두 학기 모두 A+였다. 별로 노력하지 않은 것 같은데 말이다. 그냥 당시에는 독후감 쓰는 게 고역이 아니고 재미있었다. 마산에서 서울로 올라와 생면부지의 하숙방에서 창문을 두드리는

---

21) 동아일보(2024.1.29. 03:00), "소실가 상만수."

봄비 소리를 들으면서 원고지에 글을 썼던 기억이 아직 선명하다.

괴테는 거작 《파우스트》를 23세에 시작해서 죽기 1년 전인 82세에 완성했다. 괴테는 친구에게 보내는 편지에서 '내 안의 힘, 내 안에 끈질기게 있는 힘을 가장 좋은 방향으로 활용하는 것이 중요하다'는 말을 했다. 내 안에 있는 그 힘이 아레테다.[22] 우리는 자기를 발견하는 것을 멈추지 말아야 한다. 오히려 인생 오전에 생업에 쫓겨 찾지 못했던 나의 아레테를 인생 오후에 발견할 수 있다. 이는 화려함보다는 묵묵히, 그리고 꾸준히 지속하는 힘이다.

'나의 아레테는 무엇인가?'라는 질문을 던져 보자. 그리고 인생의 전반에 잡은 물고기가 없다고 체념하고 끝낼 게 아니라 아레테라는 깊은 곳에 그물을 한 번 내려 보자. 그물이 찢어질 만큼 많이 잡힐지도 모른다.

---

22) 괴테는 자신을 이끄는 알 수 없는 힘을 데몬(Daemon)이라 했다.

1인 1기와 나에 대한 투자

탈무드에는 "아들에게 기술을 가르치지 않는 자는 그를 도둑질하도록 가르치는 것과 같다"는 말이 있다. 고대 유대 사회에서는 모든 남자 아이가 글을 배움과 함께 생계 기술을 익혔다. 율법을 연구하는 랍비조차도 목수, 가죽공, 재봉사, 농부 같은 직업을 가졌다. 율법 연구를 하면 생계를 포기하는 게 아니라 율법 연구와 노동을 함께 했다. 또한, 로마 시대에 세계에 흩어져 타국에서 살게 된diaspora 유대인들에게는 어디서든 쓸 수 있는 기술이 필요했다.

신약성경에 등장하는 사도 바울은 당시 로마 시민으로 가말리엘 문하에서 고급 율법 교육을 받았던 인물이다. 하지만 예수를 만나고 개심한 후 선교 여행을 다닐때 천막을 짜서 팔아 생계를 이어갔다. 천막 짜기는 꽤 전문 기술이었고 상인이나 유목민들로부터 수요도 많았다. 양모를 가공하고 가죽 재단을 하고 봉제까지 해야 하는 기술이었다.

천막 짜기는 초기 자본이 거의 필요 없고 도시 어디에서나 팔릴 수 있는 제품이어서 바울이 선교를 할 때 완벽하게 함께

할 수 있는 기술이었다. 바울은 복음을 전파하는 것이 돈벌이를 하려 한다는 오해를 받지 않게 하려고 재정적 도움을 받지 않고 자신이 직접 천막을 짰다.

그 전통은 철학자 스피노자에게로 이어진다. 1632년 암스테르담에서 태어난 스피노자는 히브리어 성경, 탈무드, 유대 신학에 정통했으나 범신론을 주장하면서 유대 공동체에서 파문을 당한다. 그는 신을 의지를 가진 존재로 보지 않았고 영혼 불멸에 의문을 가졌다. 그는 신을 곧 자연이라 보았고, 존재하는 모든 것은 필연적인 질서 자체라고 보았다.

그는 자신의 주장을 철회하지 않고 파문을 택했다. 대학으로 부터 교수직과 후원을 제안받았지만 거절하고, 사유의 자유를 위해 렌즈 가공으로 생계를 유지하며 가난과 고독을 택했다. 그리고 45세에 폐결핵으로 사망했다. 렌즈 연마 때 생겨난 분진을 많이 마시고 이로 인해 폐질환이 악화된 결과로 보인다. 아무튼 대학자인 스피노자가 타협하지 않고 자신의 사상을 이어갈 수 있게 해 준 것은 바로 '기술'이었다.

오늘날에도 기술은 특유의 장점이 있다.

1. 기술은 경제적 가치를 통해 생존을 지켜 준다.

2. 기술은 보상을 준다. 금전적 보상이 있다. 필자의 한 친구는 주택관리사 자격증을 따느라 1년 정도 시간이 걸렸다. 이제 아파트 관리소장을 맡고 있는데, 15년을 재직한다면 7억 원 정도는 명목으로 번다. 건강보험 혜택 등을 더한다면 더 많아진다. 우리나라 50, 60대 가구의 순자산이 집을 포함하여 대략 5억 원 정도인 것을 감안하면, 7억 원은 큰 금액이다.

비금전적인 보상도 있다. 쿠키 만드는 기술을 익혀 놓으면 20년 동안 가족이나 이웃에게 쿠키를 만들어 줄 수 있다. 현란하고 다양하게 익힐 필요도 없다. 파스타를 잘 하는 기술을 익혀 놓아도 수십 년을 만들어 줄 수 있다. 어머니의 음식 기술은 나이가 들어서도 계속 가치를 지닌다. 이처럼, 기술이란 많은 산출물을 만들 수 있다.

3. 기술은 장수사회에서 수지가 맞다. 기술은 익히고 난 후 오래 일할수록 가치가 높아진다. 열심히 자격증을 따서 취업했는데 5년 정도만 일할 수 있다면 나에 대한 투자 수익성은 떨어진다. 하지만 장수사회에서는 일하는 기간이 길어지니

투자 수익성이 높아진다. 특히 정년이 없는 전문 기술 직종은 더욱 유리하다.

필자의 또 다른 친구는 고위 공무원 출신인데, 아내와 같이 재취업 전선에 나섰다. 친구의 아내는 나무에 취미가 있어 나무의사 자격증을 땄다. 나무의사는 수목 피해를 진단, 처방, 예방 및 치료하는 전문가에게 주어지는 국가자격증이다.

나무병원을 열려면 나무의사 뿐만 아니라 나무간호사(수목치료기술자)가 있어야 한다. 그래서 친구는 나무간호사 자격증을 땄다. 이러한 투자 덕분에 친구 부부는 정년 없는 나무병원을 열어 안정된 소득을 얻을 수 있을 것으로 기대된다.

4. 기술은 고정자본이 크게 필요치 않으며 누가 빼앗아 갈 수도 없다. 여러분은 기술자들이 들고 다니는 도구함을 본 적이 있는가? 도배를 하는 사람, 인테리어를 하는 사람, 칼을 가는 사람, 미용 기술을 가진 사람 모두 간단한 도구함 하나만 가지고 있다.

중국에 관광 갔을 때, 사람 옆모습을 보고 1분 만에 가위로 종이를 오려 주는 사람을 본 적이 있다. 이 사람이 가지고 다니는 도구는 A4 크기 정도의 종이와 가위가 전부다. 집에 배관 고쳐 주러 오는 사람은 공구함 하나 들고 온다. 도배하는 사람은 풀, 양동이, 붓 대략 이 정도가 전부다. 삯바느질은 바늘, 실, 재봉틀이 있으면 된다. 노래 부르는 사람은 마이크만 있으면 되고, 바이올린을 켜는 사람은 바이올린 하나만 있으면 된다.

반면에 음식점을 운영하려면 주방장, 배달하는 사람, 가게 임대료, 초기 인테리어 등이 있어야 한다. 고정비용이 들어가야 한다. 하지만 기술은 자신의 몸에 붙어 있는 것이어서 간단한 도구만 있으면 된다.

5. 기술은 시간이 갈수록 전문성이 깊어지고 부가가치가 높아진다. 맬컴 글래드웰Malcolm Gladwell은 그의 저서《아웃라이어Outlier》에서 '1만 시간의 법칙'을 말했다. 1만 시간 이상 그 분야에 꾸준히 투자하면 소위 전문가가 될 수 있다는 얘기다. 하루에 최소 3시간을 그 분야에 집중해 투자하면 10년이 된다. 그런데 하루 8시간을 그 일에 종사한다고 하면 3년 5개월 정도면 된다. 이 정도 시간이 흐르면 전문성이 높아진다

는 얘기다.

기술은 속성상 전문성이 높아질수록 부가가치가 커진다. 일단 전문성이 높아지면 다른 사람이 따라오려면 그만한 시간이 걸리고, 그러는 동안 선두 주자의 기술은 더 높아진다.

요즘 같이 은퇴 후에 일자리를 잡기 어려운 시대에도 산업체에서 평생 기술을 익혀 온 사람은 정년퇴직 후 그 직장이나 다른 직장에 다시 취직하기도 한다. 아파트 관리소장을 하는 친구는 지금은 수습이라 연봉이 적지만 수습이 끝나면 한 단계 연봉이 오르고 연차가 갈수록 전문성을 인정받아 연봉이 많아진다고 한다.

6. 기술은 사람의 본성에 부합하는 일이다. 사람은 본능적으로 만드는 것을 좋아한다. 직립으로 손을 사용하게 되면서 도구를 사용하는 인간인 호모 하빌리스Homohabilis가 나타났다. 노동의 분업을 거치면서 만드는 일에서 벗어난 사람들이 많지만, 도구를 써서 무언가를 만드는 것은 오래전에 유전자에 각인된 것이다.

하지만 기계화되고 분업화되는 자본주의 사회가 출현하

면서 노동은 소외된다. 인간은 생존만이 아닌 자유롭게 창조적인 생산 활동을 수행하는데, 자본주의 사회에서 노동은 생존을 위한 도구일 뿐이고 노동자의 창조적인 활동은 소외된다.

노후에 기술을 익혀서 하는 생산 활동이 노동의 소외를 극복하게 해 준다. 인간에게 노동이라는 본래 고향으로 돌아가게 해 주는 격이다. 필자의 친구는 나무를 돌보고 나무병원을 도와주면서 이런 즐거움을 갖게 될 것이다. 돈으로 평가되지 않는 일의 가치다.

7. 기술은 미래지향적이다. 앞으로 온라인 세상, 플랫폼, 값싼 거래비용, 소규모 기업 간의 협력, 자신만의 특화된 기술이나 전문성이 평가를 받는 네트워크 세상 등이 펼쳐진다. 이러한 환경 변화에 기술이 빛을 발한다. 핵심적인 기술만 갖고 있으면 부가적인 서비스를 다른 사람을 고용하지 않고 AI 등을 활용함으로써 가능하게 된다.

현대 사회에 와서 기술은 영역이 확장되었다. 바울은 천막을 만들고 스피노자는 렌즈를 깎았지만, 서비스신업이 확대된 현대 사회에서는 전문성도 기술의 영역에 들어간다. 아파트 관리소장이라는 전문성은 서비스산업에서의 기술이다. 아파트 관리소장을 하면서 경력이 쌓이면 이제 한국의 어디를 가든지 아파트가 있는 곳이면 관리소장을 하면서 생계를 이어갈 수 있다.

필자는 책을 쓰고 강의를 하는데, 이는 은퇴자산관리라는 전문적인 콘텐츠를 갖고 있기 때문이다. 몸뚱이 하나만 있으면 된다. 필자보다 앞서 이 길을 걸은 강창희 행복100세 지산관리 연구회 대표는 80세가 되어도 일을 계속 이어가고 있다.

여성들은 나이 들어도 자녀들에게 김치도 담가 주고 밑반찬도 해 주는 기술이 있다. 사소한 기술일지 몰라도 인기가 있다. 그런데 남성들은 나이 들면 가정에 어떤 기술로 유용성을 줄 수 있을까? 쿠키 하나 잘 만드는 기술도 유용하다.

노후에 기술과 전문성을 통한 일의 가치는 단순히 소득을 버는 경제적 가치만이 아니다. 건강, 관계, 의미와 같은 비경제적 가치도 크다. 여기에 더하여 깊은 곳에 그물을 친 사람은 자아실현이라는 가치도 얻을 수 있다.

이러한 커다란 가치를 감안하면 늦게라도 나의 전문성에 투자하는 것은 수지맞는 일이다. 나라는 인적자본에 계속 투자하자. 가장 개발해야 할 것은 다름 아닌 자기 자신이다. 깊은 곳에 그물을 내리려면 그물도 튼튼하고 힘도 좋고 기술도 좋아야 한다. 내게 투자하여 나의 전문성을 깊게 하자.

관계(Relationship)

근육보다 관계

노후에는 연금보다 근육이 중요하다고 한다. 둘 중 어느 하나만 없어도 살기 어려우니 뭐가 더 중요하다고 말하기는 어렵지만 노후에 근육의 중요성을 각인시키기에는 꼭 맞는 말이다. 그런데, 건강을 위해 근육이 필수적이라고 한다면 이보다 더 중요한 게 있다. 관계다.

일본 도쿄대 노화연구소가 65세 이상 5만 명을 대상으로 노쇠 정도를 추적 관찰한 결과에서 관계의 중요성이 잘 나타난다.[23] 운동과 사회활동을 하지 않는 사람(A), 홀로 운동을 하는 사람(B), 운동은 잘 안 하지만 사회활동을 하는 사람(C)으로 나누어 건강을 조사한 결과, 건강의 순서는 C, B, A였다. 운동보다 사회 활동이다. (물론 운동과 사회활동을 같이 하는 사람이 가장 건강했다. 사회활동도 운동도 하지 않는 사람은 둘 모두를 하는 사람에 비해 노쇠frailty의 위험이 16배 높았다.)

'운동도 안 하는데?'라는 의문을 가질 수 있지만, 사회활동을 하다 보면 자연스레 어느 정도 운동이 된다. 이 연구의 충격적인 결과는 운동보다 사회성이 건강에 끼치는 영향이 클 수 있다는 점이었다. 동 연구소는 사회적 연결이 끊어지는 것이 노화의 도미노 현상을 일으키는 첫 번째 단추라고 본다. 구체적으로, 활동량 감소로 근육이 빠지고 혼자 먹는 식사가 늘어나면서 영양 섭취가 부실해지고, 대화와 교류가 사라지면서 인지 기능이 저하되기 때문이다.

근육과 관계는 만들고 유지하는 데도 큰 차이가 있다. 근

---

23) 카시와 스터디(Kashiwa Study)로 알려져 있으며 5만 명 이상의 65세 이상 노인을 10년 동안 추적 관찰한 것으로 2012년부터 시작했다. 출처: 김철중(2018. 12. 28), "건강한 노후? 비결은 혼자가 아닌 함께", 미래에셋투자와연금센터.

육은 일상생활에서 받은 적이 없는 과부하가 걸리면 근섬유
가 손상되어 피로 상태에 빠진다. 이후 2~3일 사이에 회복이
되는데, 이때는 과부하에 견디기 위해 더 많은 근섬유를 만
들게 된다. 이를 '초과회복'이라 한다. 이 기간에 운동을 반복
하면서 근육량이 증가하게 된다. 그래서 1년 정도 운동해서
소위 '몸짱'이 된 사람을 많이 본다.

| 당신의 사회 참여도 체크 |

☐ 일주일에 최소 1번 이상 지인을 만나는가?
☐ 지역사회(종교, 취미, 봉사) 활동에 참여하고 있는가?
☐ 매일 누군가와 대화를 나누는가?

하지만 근육은 움직이지 않으면 금방 줄어들기 때문에 꾸
준히 관리해 줘야 한다. 빨리 만들어지지만 그만큼 빨리 사
라지기도 한다. 근육은 영양분을 대량으로 공급해 줘야 하는
비싼 조직이어서 필요할 때만 써야 하기 때문이다.

이에 반해 관계는 훨씬 장기적이다. 부부, 자녀, 친구, 사회
관계는 1~2년 사이에 만들어지는 게 아니다. 학교 동창은 10년

이상의 기간이 걸리고, 사회관계도 수년 이상 걸린다. 그냥 오랜 기간 알았다는 것만으로 관계가 형성되지 않는다. 다양한 경험을 공유해야 한다.

부부간에는 숱한 경험을 공유한다. 김광석이 부른 〈어느 60대 노부부 이야기〉를 들어 보자. 넥타이를 매어 주고, 막내 아들 대학시험 때 뜬 눈으로 지내고, 큰딸 아이 결혼식 날 흘리던 눈물의 경험들이다.

자녀와 아버지의 관계가 어머니와 달리 서먹한 것은 같이 산 기간이 짧아서가 아니라 공유한 경험이 적기 때문이다. 전쟁터에서 생사를 누빈 전우가 가장 끈끈한 관계인 이유도 생사가 걸린 극한 경험을 공유했기 때문이다.

관계는 기간과 경험의 공유 이 둘이 모두 충족되어야 한다. 이렇게 만들어진 관계는 억만금을 주고도 살 수 없는 귀중한 자산이 된다. 30년 동안 커서 큰 그늘을 만드는 참나무와 같다. 금방 만들 수 있는 근육과 다르다.

생텍쥐페리는 《인간의 대지》에서 삶의 의미와 인간의 역할의 중요성에 대해 설명하고 있다. 그는 친구와의 우정을 이야기하면서 돈으로 살 수 있는 편리함이나 일시적인 즐거움보다 함께 겪은 고난과 세월이 만들어 낸 유대감을 강조했다. 새로운 우정은 급하게 만들 수 없으며 공통된 많은 추억, 함께 겪은 고통스러운 시간, 갈등, 화해 등이 우정을 만든다고 한다. 마치 커다란 참나무가 되어 그늘을 만들려면 그만한 오랜 세월이 있어야 함을 말한다. 세월이 흘러야만 쉴 수 있는 그늘이 만들어지는 법이다.

하버드대 성인발달연구Harvard Study of Adult Development에 따르면, "성공적인 노후의 열쇠는 은퇴 이전부터 맺어 온 인간관계에 달려 있다"고 한다. 하버드대 졸업생들이자 1975년 55세가 된 변호사 존과 고교 교사 레오의 이야기를 살펴보자. 당시 존은 연 5만 2,000달러를, 레오는 연 1만 8,000달러를 벌고 있었다. 직업적으로 성공한 존은 가장 행복하지 않은 사람 가운데 한 명이었고, 반면 레오는 자신을 가장 행복하다고 평가한 사람 중 한 명이었다. 둘의 가장 큰 차이는 인간관계였다. 이 책은 행복에 있어서 가장 중요한 덕목을 가족·친구·직장 동료 등 주변 사람들과의 '관계'에서 찾고 있다. 좋은 관계야말

로 우리를 더 건강하고 행복하게 해 준다고 본다.[24]

85년 연구가 입증한 사실을 한 마디로 정리하라면 "관계가 전부다"이다. 좋은 인간관계는 단순히 심리적 안정만 주는 것이 아니라, 신체적인 건강을 유지하고 뇌를 보호하여 장수를 돕는 것으로 나타났다.

관계의 질이 중요하다. 친구나 사회적 연결의 '수'보다 얼마나 친밀하고 따뜻한 관계를 맺고 있는지가 중요하다. 갈등이 잦은 관계는 오히려 건강을 해친다. 이처럼 노후에는 어느 때보다 인간관계가 행복에서 중요한 요소다. 돈이 있어도 인간관계가 파탄이면 행복하지 못하다.

우리를 둘러싼 관계망은 부부, 자녀, 친구, 사회관계 등 4가지로 나누어 볼 수 있다. 가족은 부부와 자녀를 포함하고 사

---

24) '하버드 의대 성인발달연구소'의 행복연구는 미국이 대공황에서 벗어나기 위해 분투하던 무렵인 1938년 보스턴에서 시작됐다. 당시 하버드대 2학년 재학생 268명과 보스턴 도심 빈민 지역 소년 456명을 대상으로 연구 프로젝트가 착수됐다. 지금은 그들의 아내, 자녀 등을 포함해 1,300명이 넘는 사람들이 참여해 3세대에 걸친 연구가 진행 중이다. 인간의 생애에 대한 가장 길고 심층적인 '종단(縱斷) 연구'이며 또한 과거에 국한된 회고적 연구가 아니라 현재의 삶, 앞으로의 삶까지 탐구하는 전향적 연구다. [출처: 중앙일보] https://www.joongang.co.kr/article/25202890

회적 관계망은 소속 단체, 각종 모임, 종교 활동, 비영리 단체 활동 등을 포함한다. 나이가 들수록 관계망은 양적으로 축소될 뿐 아니라 질적으로도 변화를 보인다. 이 4대 관계망을 잘 관리해야 노후의 삶도 풍성해진다.

노후의 부부 관계를 보면 동상이몽(同床異夢)이다. 남편은 더 많은 시간을 아내와 보내고 싶어 하지만, 아내는 그 시간을 줄이고 싶어 한다. 이 괴리를 좁히는 방법은 '따로 또 같이'를 실천하는 것이다. 같이 있는 시간을 줄이고 각자의 활동 영역을 넓히면 대화 소재도 많아지고 부부와 개인 생활 간의 균형도 지킬 수 있다.

자녀 관계는 '자식 중심에서 자신 중심으로' 바꿀 필요가 있다. 천동설에서 지동설로 사고의 틀이 획기적으로 바뀐 것처럼, 자식을 중심으로 한 삶의 궤도를 자신을 중심으로 한 궤도로 바꾸어야 한다. 자녀가 결혼하고 나서도 이 궤도를 바꾸지 못하는 사람이 많다. 그러다 보니 관계가 손주에게까지 이어지게 된다. 특히 여성은 성인이 된 자녀에게서 독립하는 연습을 해야 한다.

친구 관계는 남성과 여성이 거울처럼 반대 성향을 보인다. 2015년 10월 미래에셋은퇴연구소가 60~74세 은퇴자 600명을 대상으로 한 설문 조사에 따르면, 남성은 동창, 직장 동료, 고향 친구 등 연고 중심이 70%를 차지하고 이웃, 취미, 종교 관련 친구는 30%에 불과했다. 반면 여성은 연고 중심은 30%에 불과한 반면 이웃, 취미, 종교 관련 친구가 70%에 이른다.[25]

친구 관계에는 세 가지 특징이 있다.

첫째, 평균적으로 교류하는 친구의 수는 10명이다. 남자는 10명, 여자는 9명이다. 마음을 터놓고 대화를 나눌 수 있는 친구는 남자가 4명, 여자는 3명이다. 남자는 많은 사회적인 활동에도 불구하고 말을 터 놓을 친구는 그렇게 많지 않다.

둘째, 나이가 들수록 친구의 수가 줄어든다. 60~64세는 11명이었다가 70~74세로 가면 9명으로 2명이 줄어든다. 연령이 높아질수록 더 줄어들게 된다. 사망률이 높아지고 거동이 불편해지기 때문이다. 나이가 들수록 관계망이 급속히 축소되

---

25) 미래에셋은퇴연구소(2016.1.11), "'4대 관계망'을 통해 본 은퇴 후 인간관계의 특징", 《은퇴리포트 24호》. 발간일과 조사 시점의 차이가 있다.

는 것을 볼 수 있다.

셋째, 남자가 여자보다 친구가 조금 많지만 친구와 만나는 횟수를 보면 여자가 남자보다 두 배 정도 많다. 남자는 주 1회, 여자는 주 2회이다. 연락도 남자에 비해 여자가 더 자주한다.

이처럼 친구 관계는, 더 이상 확장되기 어렵고, 기존의 친구들과 관계를 깊이 해나가는 게 중요하며, 나이가 들수록 적어지는 친구 관계에 대한 대비가 필요하다. 필자의 어머니는 92세가 되셨을 때 친구들도 다 떠나고 전화할 사람이 없다고 하셨다. 어머니가 막내이다 보니 친정과 시댁의 동서와 시누이들도 모두 세상을 떠났다.

사회관계 활동은 친목 중심에서 벗어날 필요가 있다. 사회적 활동의 성격을 보면 봉사단체 등 사회에 기여하는 활동이 6%에 불과한 반면 친목이나 취미 등 개인 여가활동 모임이 80%를 차지했다. 2006년 한국개발연구원KDI의 '사회적 자본 실태 종합 조사'에서도 개인들의 공익성 단체 가입률은 2%대에 머물렀다.[26] 사적 영역에 비해 공적 영역 활동이 너무 적다. 사회 기여 활동 등 공적 영역의 관계망을 확대할 필요가 있다. 친목 활동은 아는 사람을 또 만나는 거지만 사회 기여 활동은 새로운 사람을 만나게 된다.

필자는 교회를 다니는데, 매년 교회 내 부서들을 옮겨 다니면서 봉사 활동을 하다 보면 새로운 사람을 많이 만나게 된다. 퇴직 후에 교회에서 새롭게 만난 사람도 정말 많다. 필자의 관계망은 퇴직 후에 더 확장되었다. 하루에도 카톡방에 많은 문자가 오가는 실정이다.

노후에는 자산관리도 중요하지만 '관계 관리'도 중요하다. 좋은 관계는 노후의 삶의 틀을 견고하게 만들어 준다. 근육을 키우기 위해 트레이닝을 받고 단백질을 섭취한다. 좋은 관계망도 저절로 형성되는 게 아니라 전략적인 노력이 필요하다. 이전의 관계망을 다시 찾아 복원하고, 관계의 깊이를 더하고, 빈도수를 자주 하며, 새로운 조직 활동을 통한 관계망을 만들고, 더불어 신기술을 통한 관계망 확충에도 노력해야 한다.

---

26) 전국 1,500명을 대상으로 한 1대1 면접조사.

☐ 복원이 필요한 관계망

☐ 관계의 깊이를 더해야 하는 관계망

☐ 빈도수를 자주할 필요가 있는 관계망

☐ 새로운 조직 활동을 통한 관계망

☐ 신기술을 통한 관계망

AI까지 확장한 관계망

이야기 하나. 아내는 늦게 시작하지만 빨리 배운다. 인터넷이 한창일 때는 별로 사용하지 않더니만 코로나19가 발발해 부득이 온라인 쇼핑을 하게 되면서 이제는 폰 하나로 모든 것을 해결한다. 아이패드를 사라고 해도 집에서 폰 하나 책상 위에 두고 주식 거래, 쇼핑, 뉴스 검색을 한다. 요즘은 검색도 필자보다 빨리한다. 이제 아내는 폰 하나로 외롭지 않게 되었다.

이렇게 폰에 한창 적응하고 있을 때 인공지능AI이 나왔다. AI의 중요성을 일찍 알았기에 필자는 애들에게 유료로 사용하더라도 꼭 챗GPT에 익숙해지도록 하라고 했다. 아내에게도 그 말을 했지만 그냥 흘려듣는 듯했다. 그런데 애들이 엄마에게 AI를 권유했고 마침내 폰에 AI 앱을 깔게 되었다. 아내는 처음 사용해 보고 너무 신기해했다. 그리고 지금은 주식의 매수·매도 시점 파악과 기업 분석에 AI를 이용하고 있다.

그러면서 아내가 필자에게 해 준 이야기가 하나 있다. 미국에서 어떤 아내가 남편에게 말을 해도 듣지도 않고 통하지도 않아 너무 답답해 이혼할 지경에 이르렀다고 한다. 어느 날 아내는 자포자기 심정으로 AI에게 자기의 심정을 토로했는데, AI가 해 준 답을 보고 펑펑 울었다는 것이다. 남편도 평생 몰라주는 자신의 심경을 어쩌면 AI가 그렇게 콕 짚어 말해 주었기 때문이다. 이후 그 아내는 남편과는 이야기하지 않고 AI와 대화를 주고받는다고 했다. AI 덕분에 이혼은 하지 않았지만, 아내의 정신적 대화 상대를 AI에게 내준 셈이 되었다. 이제 남자는 가정에서 AI와 경쟁해야 할지도 모르겠다.

이야기 둘. 필자는 고등학교 졸업 때끼지 할머니와 같이 3대가 살았다. 당시는 일상적인 풍경이었다. 할머니와 매일 밥을 같이 먹었을 뿐만 아니라 TV도 보고, 명절이면 윷놀이를 했다. 할머니는 필자의 부모님은 물론 4명의 손주와도 거의 20~30년을 사신 셈이다. 손주들의 학교 이야기도 듣고 손주들 친구들과도 만나셨다. 곰곰이 생각해 보면 당시의 노인은 외롭지 않았다. 친구가 아니라도 가족 내에서 풍성한 관계망이 있었기 때문이다. 그것도 3세대에 걸친 관계망이다.

필자의 어머니는 아버지가 돌아가시고 15년을 혼자 사신다. 4명의 오빠도 모두 세상을 떠나고 친한 친구도 세상을 떠나고 나서는 외롭다는 이야기를 가끔 하신다. 전화 오기만을 기다리다가 어디서 전화가 오면 반갑게 받는다. 부모님 세대에 와서 핵가족화 되면서 3대가 함께 사는 경우는 거의 없다. 세대 간 관계망이 과거에는 탄탄한 받침이 되었는데 이제는 허물어지고 있다. 베이비부머 세대로 오면 이제 노인은 세대 간 관계가 끊어진다. 노인이 과거에 비해 외로운 이유다.

이야기 셋. 요양원에 계시는 어머니는 단기 기억이 극히 취약하다. 그럼에도 이야기의 논리나 유머는 전혀 변함없다.

이전과 다르게 요즘은 아내의 건강을 자주 물어보신다. 덧붙여서 아내에게 자주 '이쁘다'라고 말도 해 주고 건강도 잘 챙겨 주라고 하신다. 아내에 대한 애정이 노후에 듬뿍 샘솟아서가 아니다. 아들의 노후를 걱정해서다. 여자는 혼자 살아도 잘해 가는데, 남자가 나이 들어 혼자 살면 정말 힘들다고 말하신다. 꼼꼼하게 챙기는 데는 젬병이기 때문이다. 오죽하면 홀아비라는 뜻의 한자어 환(鰥)은 뼈만 앙상하게 남은 물고기 모양이겠는가. 어머니는 아들이 혹시 뼈만 남은 물고기 신세가 될까 봐 며느리 건강 걱정을 하고 계신 것이다. 어른들이 세상을 살아 보니 남자의 노후에 아내는 중요한 존재임에 틀림없다.

이야기 넷. 친구들 중에 은퇴 후에 완전히 다른 일을 하는 경우도 꽤 있다. 큰 직장에 있다가 주택관리소장, 건물관리소장 등의 일을 맡는다. 원예를 공부하고 도자기 공부를 하는 친구도 있다. 나무간호사 자격증을 딴 친구도 있다. 이들의 공통된 이야기가 있다. 지금까지 직장에서의 인간관계가 전부라고 생각했는데 자격증을 따거나 실습을 하면서 '세상에

참 좋은 사람이 많구나'라는 생각을 하게 된다는 것이다.

필자도 직장에 있을 때는 그 관계가 전부라고 생각하고 직장을 나오면 관계망이 없어지리라 보았다. 그런데 퇴직을 하고 강의, 유튜브 출연, 사외 이사 등의 활동을 하다 보니 새로운 관계망이 엄청나게 생겨났다. 현직에서보다 지금, 매주 등록해야 할 명함이 더 많아졌다. 관계망은 퇴직 후에도 확장될 수 있다.

이야기 다섯. 아내는 필자가 고등학교 친구, 대학교 친구와 함께 골프를 치고 돌아오면 가장 즐거운 표정이라고 한다. 동년배라 비슷한 문화적 배경을 갖고 있을 뿐 아니라, 똑같은 속도로 나이를 먹고 있기 때문이 아닐까 싶다. 그러다 보니 세월의 변화를 느끼지 못한다. 어머니는 내가 친구와 골프를 쳤다고 하면 친구들 중하게 여기고 자주 만나라고 하신다. 나이 들어 친구만한 관계가 없다고 말이다.

인생 오후에 4대 관계망은 축소된다. 세대 간의 관계망도 축소되므로 우리는 옛날 노인보다 외로운 환경에 놓여 있다. 이런 때, 새로운 기술을 적극적으로 활용해 볼 만하다. 영상

통화를 하고 AI로 대화를 해 보자. 기계라고 거부감을 가질 필요 없다. 이전에 전화기를 통해 미국에 있는 친지들의 목소리를 들을 수 있었고 지금은 얼굴을 보고 통화할 수 있는 것처럼, 기계나 통신 기술은 관계망을 확장시켜 준다. SNS(사회관계망서비스), 유튜브, AI와 같은 신기술은 놀라운 확장력을 가진 수단이다. 적극적으로 배워서 활용해야 한다.

PERSONA
ARETE
RELATIONSHIP
SELECTION
OPTIMIZATION
COMPENSATION
TAX
INCOME PRICE
SPACE SYMPATHY
SHARE

3장

SOC:
인생 오후의 인프라

노년은 '상실의 시기'라고 한다. 돈, 일, 관계 모두에서
일어난다. 무엇보다 삶을 영위하는 능력이 축소된다.
체력, 시력, 청력, 기억력, 추진력이 떨어진다.
시력이 떨어지자 눈에 보이는 곳곳에 돋보기를 둔 사람도 있다.
손실에 대한(loss-based) 적응만 있는 게 아니다.
새로운 것을 능동적으로 시도하는 사람도 있다.
필자의 은사님은 팔순이 되어 클래식 기타를 배우기
시작했다. 이처럼 노화는 단순한 쇠퇴 과정이 아니라
개인의 자원과 능력이 변화하는 환경에 적응하고
조절하는 역동적인 과정이다. 노년에도 발달이
이루어지는 셈이다. 이를 가능케 하는 게 SOC이다.
이는 돈, 일, 관계의 은퇴연옥에서 탈출하는
동력이라 볼 수 있다. 낡은 엔진을 보링(boring)하여
엔진 출력을 되살리는 작업과 유사하다.

관리소장과
루빈스타인

6월의 더운 토요일에 친구와 충무로에서 만나 점심을 먹기로 했다. 필자는 광화문 사무실에 휴일에 나오니 지하철 타고 만나면 될 일이다. 지금까지는 평일에 점심을 했는데, 친구가 올해 2월부터 아파트 관리소장을 맡으면서 휴일에 보자고 한다. 지하철을 타고 충무로로 나섰다.

친구는 퇴직 후 2년 정도 쉬다가 올해 주택관리사 자격증을 따고 아파트 관리소장이 되었다. 관리소장을 맡은 이후의 첫 만남인데, 이전에 비해 생기가 넘쳐 보였다. 지금은 작은 단지를 맡는 3년 수습 기간이지만 이 기산이 지나면 더 큰 단지로 옮기고 월급도 많아진다고 한다. 처음 몇 달은 소장이 모든 일을 해야 해서 어려웠지만 익숙해지니 별로 바쁘지 않다고 한다. 경리 일이 좀 부담인데(영수증 처리 등), 몇 달은 본인이 하다가 이후 자기 돈을 지급하고 외주를 주었다고 한다.

당장은 혼자 일을 처리해야 하지만 3년 후에 큰 단지로 가면 관리 과장 등이 있으니 오히려 일이 편해진다고 한다. 정년을 물어보았다. 정년은 없는데 대략 75세까지는 일을 하고 앞으로 장수시대에는 더 길어질지도 모르겠다고 했다. 건강만 허락하면 오래 일을 하고 싶어 하는 눈치였다.

친구는 정년퇴직하고 처음에는 감정평가사 공부를 했다. 알다시피 따기 어려운 자격증이다. 1~2년 공부를 하다가 생각을 고쳐먹었다. 노후의 시간도 많지 않은데 합격이 불투명한 자격증에 계속 시간을 보내는 것보다 빨리 할 수 있는 자격증을 따는 게 좋을 것 같아 주택관리사로 바꾸었다. 행정고시 출신인 직장 동료가 주택관리사 시험에 합격해서 퇴직하자마자 일찌감치 아파트 관리소장을 한다는 말에 힘을 입은 것이다.

2개월 전에 시험에 합격해서 관리소장 수습으로 일하고 있다고 문자가 왔는데, 적응을 잘 하고 있을지 걱정이 되었다. 평생 큰 회사의 사무직과 해외에서 일을 하면서 주로 갑(甲)의 입장이었던 그가 작은 아파트 단지의 관리소장 일을 하기란 여간해서 쉽지 않을 것이었다. '눈높이를 낮추고 잘 적응할까?', '나는 그러지도 않으면서 다른 사람에게 괜히 눈높이를 낮추고 제2의 직장을 가지라고 그랬나'하는 불안감도 생겼다.

그런데 막상 친구를 만나 보니 기우에 불과했다. 친구는 감정평가사를 포기하고 주택관리사로 바꾸어 빨리 일을 하게 된 게 너무 잘한 선택이라고 했다. 받고 있는 연금에 관리소장 월급을 더하니 노후에 걱정할 바 없는 소득이 되었다. 하기에 따라서는 이 구조가 20년 유지될 수도 있다. 최근에는 친구의 자산관리자가 엔비디아 주식을 일찍이 사 놓아서 돈을 꽤 벌었다고 한다. 일, 연금, 투자의 결합이다.

하지만, 필자가 들은 가장 인상 깊은 이야기는 뒤에 나왔다. 새로운 일터에서 느끼는 자신의 소소한 행복에 대한 이야기였다. 필자가 충무로는 커피 값이 싼 것 같다고 했더니 자신이 근무하는 곳은 이보다 훨씬 싸서 한 잔에 2,000~3,000원 정도면 충분하다고 한다. 아직은 중심지에 있는 아파트가 아니다 보니 점심시간에 10분 정도 걸어 나와서 햄버거를 먹는데, 아이스 아메리카노를 사서 현장으로 돌아오는 길이 행복하다고 했다. 집에서 쉬면서 햄버거를 사 먹고 돌아올 때와 관리소장으로 일하면서 햄버거를 사 먹고 돌아오는 길이 이렇게 다르다.

더운 날임에도 그가 마스크를 쓰고 온 것을 보고 무슨 일이냐고 물었다. 친구는 한 달에 두어 번 거래 은행을 가는데, 창구에 있던 직원이 마스크를 20장이나 주었다고 했다. 코로나19 때 비축해 놓았던 마스크가 아직도 많이 있다는 말과 함께 말이다. 이제 소소하게 은행의 창구 직원과 이런저런 말도 하나 보다 생각하니 마음이 편해졌다.

친구에게 일터에서 시간 날 때 책을 볼 수 있어서 좋겠다고 했더니 요즘은 책을 읽지 않는다고 했다. 일터에서 남는 시간에는 멍 때리고, 집에 돌아오면 드라마를 보다가 일찍

잠자리에 든다고 했다. 그리고 여생은 그냥 이렇게 보내면 좋겠다고 한다. 친구는 노후를 위한 일상을 구축한 것 같다. 다만 젊을 때와 다른 길을 택했다. 그는 포기할 건 포기하고 집중할 건 집중했다.

일본 영화 〈퍼펙트 데이즈Perfect Days〉는 도쿄에서 청소원 생활을 하면서 아침에 자판기에서 커피 한 잔을 뽑고, 출퇴근 때 테이프로 올드 팝송을 듣고, 자기 전에 책을 읽는 한 남자의 일상을 보여 준다. 주인공은 집안도 좋고 화려한 과거를 가진 남자이다.

어느 날, 기사가 딸린 차를 타고 누나가 주인공이 사는 거처로 찾아온다. 외삼촌 집으로 가출한 딸을 찾으러 온 것이었다. 그러면서 누나는 주인공에게도 돌아오라고 하지만, 그는 현재의 삶을 택한다. 영화는 주인공의 이런 나날을 '완전하다'고 표현하고 있다.

필자가 친구의 인생 오후의 변화를 인상이 깊다고 한 이유는 그가 영화의 주인공처럼 번잡한 생각을 없애고 단순하고 반복적인 삶으로의 변화를 이루었기 때문이다. 이 길을 택한 것이 어쩔 수 없는 이유에서였다면, 그는 아마도 근무를 시작하고 몇 개월 이내에 그만두었을 터였다. 하지만 즐겁게 적응하고 있다는 것은 그의 자발적 선택이 있었음을 말해 준다.

피아니스트 아르투르 루빈스타인Arthur Rubinstein(1887~1982)은 20세기를 통틀어 많은 사랑을 받은 피아니스트이다. 폴란드에서 태어난 그는 어릴 때부터 천재성을 보였다. 19세에 카네기홀에서 연주할 정도였지만, 그 자신감 때문에 연습을 게을리 하여 크게 빛을 보지 못했다. 그러다가 45세에 22세 연하의 발레리나와 결혼하면서 변했고, 비로소 '다시 태어난 피아니스트'라는 평가를 받았다. 50세에 다시 카네기홀에서 연주했을 때 그는 찬사를 되찾았다.

루빈스타인은 나이 들어서도 계속 연주를 한 것으로 사람들 뇌리에 남아 있다. 그는 70대와 80대에도 왕성한 활동을 이어가며 노익장을 과시했다. 사람들은 백발을 휘날리며 무대에 서는 그의 모습을 기억하고 있다. 많은 사람이 그의 만년의 연주에서 감동을 받았다. 이전보다 더 깊은 성찰과 통찰력이 담겨 있었으며, 이러한 성찰과 통찰력은 곡을 보다 풍부하고 따뜻하게 만들어 주었다. 그러다 보니 70세 가까운 나이에 새로운 전성기를 맞이했을 정도였다.

루빈스타인은 천재성 덕분에 늦은 나이에도 많은 레퍼토리를 기억했다. 하지만 89세까지 공식적인 연주회를 할 수 있었던 배경에는 곡의 수를 줄이고 적은 곡에 집중하여 연습량을 늘린 숨어 있는 전략이 있었다. 여기에다 풍부한 감성이 더해지면서 피아노의 시인 쇼팽을 연주하는 루빈스타인은 노래하는 피아노singing tone(노래하는 듯한 음색)가 되었다.

루빈스타인은 여기에서 그치지 않았다. 그는 89세를 마지막으로 무대에서 물러났지만, 90대 초반에는 자서전을 출판하고 강연과 교육 활동을 통해 음악적 유산을 전파하는 데 힘썼다. 90대에 또 한 번의 선택과 집중을 통해 변화했다. 루빈스타인은 이러한 선택과 집중을 통해 노년에도 쇠퇴하거나 멈추지 않고 계속 발전을 이어갔다.

공무원을 하다가 아파트 관리소장을 하고 있는 친구, 그리고 나이 들어서도 더 원숙한 연주를 이어간 루빈스타인, 이 둘의 공통점은 인생 후반에 쇠퇴하거나 멈추지 않고 계속 발달을 지속했다는 점이다. 그렇다면, 그 발달의 이면에는 무엇이 있을까? 그리고 발달을 지속하려면 무엇이 필요할까?

선택, 최적화,
그리고 보완 (SOC)

아파트 관리소장을 하는 친구나 피아니스트 루빈스타인은 노후에 멈추거나 쇠퇴하지 않고 발달을 이어갔다. 노년심리학자인 발테스 부부Paul Baltes & Margaret Baltes는 노후의 성공적인 발달을 위한 SOC 모델을 주창했다.[27] 발테스 부부는 노화는 쇠퇴의 과정이 아니라 개인이 환경에 적응하고 변

---

27) Baltes PB, & Baltes MM (1990), Psychological perspectives on successful aging: The model of selective optimization with compensation. In Baltes PB & Baltes MM (Eds.), Successful aging: Perspectives from the behavioral sciences (pp. 1~34), New York, NY: Cambridge University Press.

화하는 역동적인 과정임을 강조하며 노년에도 삶의 질과 행복을 유지하는 전략을 제시했다.

이를 위한 방법론으로 제시된 것이 '보완을 수반한 선택적 최적화Selective Optimization with Compensation,' 즉 SOC 모델이다. 발테스 부부는 사람들이 나이가 들어감에 따라 환경과 조건이 변하지만 이 세 가지 요소(SOC)를 활용하여 목표를 달성하고 웰빙을 극대화할 수 있다고 주장한다.[28] 노후에도 발달을 이어 갈 세 조건인 셈이다.

SOC는 일반적으로 사회간접자본을 뜻한다. 도로, 철도, 항만, 공항, 에너지 시설, 통신망 등 국가 경제 활동과 국민 생활에 필수적인 기반 시설을 의미한다. 발테스 부부가 말하는 SOC는 사회간접자본이 아닌 성공적인 노년 적응 모델이다. 어떻게 보면, 선택, 최적화, 보완은 노후의 사회간접자본인 셈이다. 은퇴연옥에서 탈출케 하는 노후 인프라다. 하나씩 살펴보자.

---

28) 도쿄대 고령사회 종합연구소, 최예은 옮김(2019),《도쿄대 고령사회 교과서》, 행성B, pp.94~95.

선택은 목표의 우선순위를 설정하는 과정이다. 시간, 에너지, 능력과 같은 개인의 자원이 제한되거나 감소함에 따라, 지금까지 해 왔던 활동들 중 자신에게 가장 중요한 것 또는 앞으로 성취 가능한 현실적인 목표를 선별적으로 택한다. 선택된 목표들의 우선순위를 정하게 되면 시간, 에너지와 같은 자원이 그에 따라 배정된다.

루빈스타인은 7세 때 첫 공개연주회를 가진 뒤 80여 년을 전 세계를 돌며 현역 활동을 했다. 젊을 때 그는 연주곡이 다양했다. 쇼팽, 베토벤, 브람스 등의 작품에 대한 그의 해석은 독보적인 것으로 평가받았다. 하지만 나이가 들어 신체 기능이 이 모두를 훌륭하게 연주하기 어렵다고 판단되자, 그는 연주를 그만두지 않고 연주곡의 범위를 좁혔다. 우선순위를 정하여 그중 가능한 범위를 목표로 설정한 셈이다.

최적화는 선택한 목표를 달성하기 위해 자원을 효율적으로 관리하는 과정이다. 물리학에서는 최소 작용의 원리principle of least action라고 하는데, 주어진 목표로 가는 길 중에서 가장 마찰이 적은 경로를 택하는 것이나. 발테스가 말하는 최적화는 주어진 조건에서 가장 적절하고 효율적인 수준을 찾는 것을 말한다. 즉, 자원과 능력을 체계적으로 개발·활용하는 과정이다. 예를 들어, 젊을 때에 비해 손가락의 힘과 유연성이 떨어진 조건에서 더 많은 반복적 훈련을 하는 것이다.

루빈스타인은 연주곡의 폭은 좁아졌지만 반복적인 연습을 통해 곡의 깊이를 더했다. 범위를 좁히고 한 곡당 연습량을 늘렸다. 그래서, 삶의 후반의 루빈스타인은 젊을 때에 비해 힘이 있는 테크닉은 떨어졌지만 원숙함으로 사람들에게 더 깊이 있는 음악을 선사했다.

보완은 자신의 자원으로 목표 달성이 어렵거나 비효율적일 경우에 새로운 대안을 마련하거나 외부 자원을 활용하는 것을 말한다. 기억력이 저하되면 메모장을 이용하고, 근력의 약화로 이동성이 떨어지면 스쿠터나 간단하고 편리한 이동 수단을 활용한다.

필자의 어머니는 최근에 일어난 일을 잘 까먹으신다. 어느 날, 통화 중에 사실 확인 문제로 혼란이 오자, 잠깐 기다려 보라고 하더니 메모장에 적힌 것을 보고 확인해 주셨다. 일종의 외장 메모리를 가진 셈이다. 시력이 약해지면 안경을 곳곳에 갖다 두는 방법도 있다. 안경을 하나만 두고 여기저기 찾을 게 아니라 가방 안에도, 차에도, 집에도, 안방, 거실 등 여러 곳에 두어야 눈의 불편함을 보상해 줄 수 있다. 노후에는 이런 보상 수단을 잘 찾아 활용하는 게 중요하다.

이처럼, SOC 모델은 목표를 선택하고, 능력을 체계적으로 개발하고, 약점을 보완하여 삶의 질을 유지하고 발달을 이어가게 해 준다.

노년을 상실과 쇠퇴의 시기로 보는 경향이 많지만, SOC 모델은 노년을 쇠퇴 기간이 아닌 능동적으로 자신의 삶을 설계하고 관리하는 과정으로 본다. 적절히 관리하면 발달 과정이 노후에도 이어질 수 있으며, 이를 통해 개인들은 성공적인 노년에 이를 수 있다는 뜻이다. SOC 모델은 돈·일·관계의 은퇴 연옥에 빠진 시기에 삶의 진화를 이어가는 방법을 통해 은퇴 연옥을 탈출하는 길을 보여준다.

기을이 되면 나무도 잎을 떨군나. 물이 부속해지면 잎을 통한 수분 손실을 줄이기 위함이고 햇빛이 줄어 광합성이 어려워지므로 사용 에너지를 아끼기 위함이다. 잎을 떨구면 겨울에 얼음이나 눈이 잎에 쌓여 가지가 부러질 위험도 줄인다. 나무도 늦가을이면 선택과 최적화 작업에 들어간다. 잎을 떨구고 저장된 전분을 분해해 생명 활동을 유지한다. 인간의 삶도 마찬가지다. 인생 오후라 할지라도 효율적으로 관리하면서 발달을 이어갈 수 있다.

경제 발전에 SOC(사회간접자본)가 필수적이듯이 인생 오후의 발진에도 선택, 최적화, 보완이라는 SOC가 필요하다.

전략 4:

선택(Selection)

무엇을 붙잡고 무엇을 놓을 것인가?

손흥민 선수는 프리미어리그EPL인 토트넘에서 뛰다가 미국메이저리그사커MLS LAFC로 옮겼다. EPL은 세계 최강 리그로 평가받는데 반해 MLS는 1996년에 시작한 신생 리그로 최근에 빠른 성장세를 보이고 있다. 경쟁력은 유럽의 5대 리그보다 낮게 평가된다. 미국은 풋볼, 야구, 농구의 인기에 비해 축구는 뒤처지는 편이다.

EPL은 커리어 전성기의 선수들이 세계 최고 무대에서 경쟁하는 곳인 반면 MLS는 전성기가 지나간 스타들이 새로운 도전과 경제적 보상을 위해 합류하는 경우가 많다. 베컴, 메시, 루니가 그랬고, 이번에 손흥민 선수가 합류했다.

손흥민 선수는 2025년 현재 33세로 수년 후면 체력과 민첩성이 떨어지게 된다. 이러한 자원의 손실에 대해 미래를 대비하기 위해 MLS를 선택한 것으로 보인다. 지금은 MLS에서 연일 기록을 갱신하며 인기와 금전적인 보상을 유지하고 있다.

인간은 자원이 제한되어 있기 때문에 시간에 따라 변하는 자원의 조건에 맞게 자신의 목표와 우선순위를 선택해야 한다. 이러한 선택의 과정에는 선별적 선택elective selection과 손실 기반 선택loss-based selection이 있다.

선별적 선택은 여러 목표 중 하나를 선별하며, 자신의 관심사나 가치에 따라 우선순위를 정하고, 이를 기반으로 목표를 설정한다. 마치 백화점에서 마음에 드는 물건을 고르듯이 자신의 욕구와 자원에 따라 목표를 선택한다. 자원이 많을 경우, 그 조건에 제약받지 않고 새로운 기회를 추구하는 방식이다.

그래서 선별적 선택은 연령과 관계없이 이루어지며 주로 젊었을 때 이루어진다. 무한한 가능성을 두고 다양한 선택을 통해 경험을 시도하면서 자신에게 맞는 길을 찾아간다.

나이 들었다고 선별적 선택이 없어지지는 않는다. 은퇴를 한 뒤 새로운 취미로 그림을 배우기로 결정할 수 있다. 신춘문예에 등단하여 소설가가 되기도 하며, 요즘은 가난 때문에 배우지 못했던 한을 풀려고 대학교에 들어가기도 한다. 수명이 길어지고 나라가 부유해지면서 나타난 기회다. 나이 들었더라도 이러한 선택을 하는 사람들이 많아지고 있다. 심지어 이렇게 시작하여 전문가 수준까지 오르는 사람들도 있다.

하지만, 선별적 선택은 나이가 계속 들면서 지속되기 쉽지 않다. 능력이나 자원의 손실이 일어나기 때문이다. 우리는 유한한 시간, 에너지, 능력을 가지고 있기 때문에 내려놓아야 하는 때가 온다. 이 경우 기존의 목표를 조정하거나 기존 목표를 포기하고 새로운 활동에 집중하는 선택을 하게 된다. 이를 손실 기반 선택이라 부른다. 능력이나 환경의 손실 때문에 기존 목표를 비리고 새로운 현실에 맞는 목표를 고르는 것이다.

루빈스타인은 손가락의 민첩성이 떨어지고, 악보를 외우는 기억력이 저하되고, 오랜 시간 집중할 수 있는 체력이 약화되고, 젊을 때의 감성이 퇴색되는 손실이 발생했다. 이런 상황에서 루빈스타인이 화려한 기교의 다양한 곡들을 계속 연주하려 했다면 젊은 연주자들에게 밀려났을 것이다. 그는 나이 들어 진행되는 자원의 손실을 인지하고loss-based 몇 가지 곡을 반복적으로 연주하는 선택을 함으로써 80세가 넘어서도 팬들의 사랑을 받았다.

손실 기반 선택은 '무엇을 포기할 것인가', 또는 '하나에 집중하기 위해 다른 것을 줄일 것인가'를 결정하는 현실적인 선택이다. 포기하는 것도 선택인 셈이다. 삶에서 손실 기반 선택 과정이 매끄럽지는 않다. 손흥민 선수도 얼마나 고민했겠는가? 포기와 적응이 쉬운 일이 아니다. 이러한 변화가 성공적으로 이루어지려면 다음과 같은 태도가 필요하다.

우선, 제한된 자원을 인식해야 한다. '뭐든 할 수 있다'는 대책 없는 낙관주의를 경계해야 한다. 필자가 물리학을 좋아한다고 이 나이에 물리학을 다시 시작할 수 있는 게 아니다. 이 한계를 인식하는 것이 지혜로운 선택의 첫걸음이다. 모든 것을 다할 수 없음을 인정할 때 진정으로 중요한 것에 집중할 수 있다.

둘째, 우선순위를 설정해야 한다. 무엇이 나에게 가장 중요한 가치인지, 어떤 목표가 가장 큰 만족을 줄 것인지 명확히 알아야 한다. 이는 새로운 선택의 나침반이 되어 준다. 손흥민 선수는 사우디아라비아 리그 팀들이 거액을 제안했지만 글로벌 브랜드 확정성과 커리어 마무리 스토리라인 완성을 위해 MLS를 선택했다.

셋째, 포기의 용기가 필요하다. '손실 기반 선택'은 아픔을 동반한다. 하지만 무언가를 포기하는 용기가 있어야만 더 중요한 것에 집중하고 남은 자원을 최적화할 수 있다. 손에 무언가 쥐고 있을 때는 손을 놓기 어렵다. 새로운 기회를 일단 선택하게 되면 의외로 이전에 손에 쥐고 있던 것에 집착하던 과거의 자신이 우습게 보일 때가 있다.

선가(禪家)에는 백척간두진일보(白尺竿頭進一步), 즉 백척이 되는 높은 장대에 올라 선 위태로운 지경에서도 오히려 한 걸음 내딛으라고 한다. 막다른 골목처럼 보일 때 손을 놓아 보자.

첫째, 제한된 자원을 인식한다.
둘째, 우선순위를 설정한다.
셋째, 포기의 용기가 필요하다.
넷째, 유연한 태도가 요구된다.

마지막으로, 유연한 태도가 요구된다. 한 번의 선택이 영원한 건 아니다. 삶의 단계마다, 그리고 상황마다 새로운 선택을 해야 한다. 노후의 자원에 어떤 변화가 올지 모르기 때문에 유연한 사고를 통해 목표와 활동을 조정할 수 있는 자세가 필요하다.

전략 5 :
최적화(Optimization)

강화와 개선을 통한 최적화

선택이 '무엇을 할 것인가'라면 최적화는 '그것을 어떻게 가장 잘 해낼 것인가'이다. 건강 유지를 목표로 선택했다면 규칙적인 운동, 식단관리, 건강검진 등이 최적화에 해당한다. 즉 목표 달성 가능성을 높이기 위해 의도적으로 연습하고, 자원을 투자하며, 환경을 조정하는 적극적 과장을 말한다.

루빈스타인은 나이가 들어서도 대가의 연주 수준을 유지하고 싶었다. 그래서 선택의 과징에서 곡의 숫자를 줄이고 빠른 템포의 곡보다 서정적인 곡들을 선택했다. 곡이 줄어든 만큼 한 곡당 연습량을 늘렸다. 어려운 구절은 특히 연습량을 늘렸다. 강화strengthening에 해당한다.

그럼에도 빠른 템포의 곡을 소화하는 능력이 떨어지자 곡의 해석을 달리했다. 빠른 소절이 나오는 앞에서는 속도를 늦추고 이후에 속도가 정상으로 돌아가면 듣는 사람들은 빠른 템포라고 인식하게 되었다. 이는 곡을 보다 우아하고 화려하게 보이게 했다. 루빈스타인은 곡의 수를 줄인 뒤(선택), 연습량을 늘리고(강화), 기교와 곡의 해석을 발전시켜(개선) 높은 예술성을 유지했다. 강화와 개선을 통한 최적화이다.

세계적 테니스 선수인 세레나 윌리엄스Serena Williams는 여자 테니스 선수로서는 유례없이 오랜 기간 선수생활을 했다. 보통 여자 선수는 20대 후반이 전성기인데 세레나 윌리엄스 선수는 30대 후반~40대 초반까지도 그랜드슬램 결승에 꾸준히 진출했다. 5번이나 세계 랭킹 1위에 올랐으며 그랜드슬램 대회에서 단식 21회 우승을 포함해 통산 36회 우승했다. 그녀의 커리어는 전설이다. 나이 33세에도 세계 랭킹 1위를 유지했으며, 35세에 호주오픈에서 우승했다. 호주오픈 우승 때는 임신 2개월이었다.

놀라운 것은 2017년 첫딸을 출산한 후 투어를 떠났지만 2018년 복귀하여 30대 후반의 나이에도 윔블던과 US오픈에서 준우승을 했다. 그리고 40세에 2022년 US오픈에 출전하여 3회전까지 진출했고 은퇴를 선언했다. 여자 테니스 선수로서는 40세까지 세계무대에서 톱 랭킹을 두고 경쟁한 전례 없는 사례라 할 수 있다.[29]

비결은 SOC에 있다. 타고난 체력도 있겠지만 세계 최정상 선수라는 목표를 유지하기 위해 자원을 최적화했다. 그녀는 어려서부터 부모에게 특별한 체력 훈련을 받았으며, 나이가 들어서도 육체적 쇠약을 막기 위해 다이어트와 근력 운동 등에 특화된 훈련을 했다. 강화에 해당한다. 그리고 최고의 코치를 기용하고 비디오 분석 등의 기술을 통해 전략적 게임을 했다. 경기 스타일도 강력한 서비스와 짧은 랠리로 이끌어갔

---

29) 위키백과, https://ko.wikipedia.org/wiki/세리나_윌리엄스

다. 개선에 해당한다. 이처럼 세레나 윌리엄스는 루빈스타인
처럼 강화와 개선으로 최적화를 했다.

그녀는 "나는 은퇴retirement라는 단어를 좋아하지 않는다.
나에게 그 단어는 현대의 단어 같지가 않다. (…) 내가 하려
는 것을 설명하기에 가장 적절한 단어는 아마도 '진화evolution'
일 것 같다"고 말했다. 그녀는 조건의 변화에 최적화하며 계
속 발달해 왔는데, 자신의 선수생활 은퇴에 대해서도 "나는
테니스를 떠나 나에게 소중한 다른 것들을 향해 진화하고 있
나"고 표현했다.[30] '은퇴가 아닌 진화', 얼마나 멋있는 말인가?
그리고 "은퇴는 현대의 단어 같지가 않다"는 그녀의 말은 깊
이 새겨둘 일이다. 폴 발테스의 발달이나 세레나 윌리엄스의
진화는 같은 맥락이다. SOC를 적용하면 계속 진화하는 삶을
살 수 있다.

최적화는 실행 과정에서 난관들이 많다. 연습량을 늘린다
고 하지만 체력의 한계가 올 수 있다. 과도한 소진을 초래할

---

30) 경향신문(2022.8.11) 온라인, "은퇴 예고한 세레나 윌리엄스 '테니스와 가족 중
하나를 선택하고 싶지 않았다.'"

수도 있다. 세레나 윌리엄스는 생명에 지장이 오는 순간도 있었다. 한계가 오면 목표를 수정해야 한다. 그리고 실패를 견디고 일어서는 태도가 중요하다.

이러한 엄격한 절제의 과정에서는 유연성이 필요하다. '누가 이기나 보자'라는 태도는 젊을 때 적합하다. 발달을 위해서 '목표를 정하고(선택) → 강화와 개선(최적화)'을 하는 일방적인 과정을 수행할 필요는 없다. 강화와 개선 과정에서는 무리하지 말고 목표 달성이 어려우면 목표를 수정하면 된다. 선택과 최적화는 순서적 관계가 아니라 피드백 관계다.

전략 6:

보완(Compensation)

보완을 통한 재설계

노년이 되면 기능이 약해지는 게 많다. 잘 들리지 않고 기억이 잘 안 나며 눈도 잘 보이지 않는다. 조금 오래 보면 눈이 아프다. 필자는 금융시장에 대한 보고서들을 읽어야 하는데 일단 영어 보고서가 많고 그림들이 많다. 글씨가 크지 않은 건 물론이다.

그런데 최근에 재미있는 서비스(구글의 NotebookLM)가 나왔다. 보고서를 음성으로 요약한 파일이 있고, 한 걸음 나아가서 두 명이 영상을 통해 보고서를 대화식으로 설명해 준다. 나에게는 이 서비스가 무척 유용하다. 차 안에서 들을 수 있고 눈으로 오래 읽지 않아도 되기 때문이다.

나이 들어 금융시장에 여전히 투자하는 사람들이 많은데, 이들은 시장의 정보를 이런 식으로 습득해 가고 있다. 과거에 두꺼운 보고서를 읽다가 더 이상 어려워지자 새로운 보완 수단을 사용한다.

보완compensation은 '기능 저하'라는 현실적 제약에 대체 자원이나 새로운 방법으로 대응하는 전략을 말한다. 약해진 시력을 강화하기 위해 노력해도 한계가 있다. 안약을 넣고, 10분씩 쉬고, 뜨거운 손바닥으로 눈을 마사지하고, 먼 산을 쳐다봐도 일시적이다. 나이 들어 시력의 강화와 개선을 해봐야 종이로 된 보고서를 계속 읽기는 어렵다. 여기에 귀로 듣는 보고서는 대체 혹은 보완 전략이다.

이는 새로운 방식의 행동으로 극복하려는 적응 메커니즘으로 SOC 모델에서 현실적으로 중요한 전략이다. 단기 기억력이 많이 떨어지면 메모나 스마트폰을 활용한다. 요즘은 AI가 발전해서 이를 활용해 개인 비서 역할을 하게 하거나 심지어 자신의 뇌의 역할을 일부 담당하게 할 수 있다.

외부 활동이 줄어들면 온라인 모임을 활성화하면 된다. 심지어 세계 사람들과 온라인 모임도 가능한 세상이다. 인지적 능력이 떨어져 복잡한 문제를 해결할 능력이 떨어지거나 중요한 위험을 간과할 수 있으면 전문가나 지인의 조언을 얻으면 된다. AI의 조언을 얻어도 된다.

세레나 윌리엄스는 순발력과 체력의 저하를 강화하는 데 한계가 있자 서브의 정확도와 위력이라는 보완 수단을 선택했다. 체력이 약하면 긴 랠리의 공방을 펼치면 실수하기 마련이다. 가급적 짧은 시간에 점수를 내야 하므로 강한 서브 이후의 적극적인 플레이로 랠리 시간을 줄였다. 마치 이전의 중국 무협지에서 시력을 잃으니 청력을 강화해서 보완하는 무림 고수 같은 사람이다.

필자는 책을 쓰거나 자산관리를 할 때 좋은 보완 수단을 최근에 하나 찾았다. 바로 AI이다. 이전에는 책을 쓸 때 도서관 접근성과 훌륭한 백과사전을 갖는 게 경쟁력이었다. 혹은 구글 검색을 잘해야 했다. 얼마 전까지만 해도 검색 관련 자격중까지 있을 정도였다.

하지만 이제는 검색을 할 필요 없이 질문을 던지면 솔루션을 준다. 좋은 질문을 던지고 그 질문을 이어가면서 원하는 솔루션을 찾으면 책과 글을 보다 효율적으로 쓸 수 있다. 돌아다니지 않아도 되고 직원에게 자료를 조사해 오라고 시키지 않아도 된다.

자산관리를 하려면 숱하게 많은 펀드와 ETF, 그리고 주식 종목들을 알아야 한다. 정보의 바다는 태평양만큼이나 광대하다. 이전에는 경력을 몇 년 쌓은 직원들이 이 일을 해 주었다. '브라질에 홍수가 났다는데 스타벅스 주가는 어떻게 될까?'라는 보고서를 써 오라고 하면 된다. 아침마다 기업 종목 분석을 해서 책상에 올려놓는다.

하지만 이제는 네이버 증권 검색이나 AI에 물어보면 된다. 해당 기업의 분석이나 조건에 맞는 ETF 검색을 신속하게 해 준다. 심지어 AI는 주식을 사고 팔 시점까지 답을 해 준다. 나이 들어서 글을 쓰고 자산관리를 하는 필자에게 최근 AI 기술의 발전은 훌륭한 보완 수단이 되고 있디.

보완을 통해 효과적으로 일을 하게 되면 긍정적인 변화가 따라온다. 무엇보다 할 수 있다는 신념이 강화되면서 자기 효능감self-efficacy을 유지한다. 노년은 상실과 실패가 이어지는데 성공 경험이 늘어나고 새로운 것을 하게 되면서 긍정적 정서가 증가하면 사회와의 관계를 유지할 수 있다.

이는 자존감을 유지해 주고 삶의 의미를 계속 갖게 해 준다. 나이 들어 생기는 삶의 의미 상실과 우울증을 줄여주는데 도움이 된다. 귀가 잘 들리지 않는 사람이 좋은 보청기를 끼면 자신감을 되찾아 라이프스타일이 달라지는 것과 마찬가지다.

보완에 대한 극단적인 예를 보여주는 영화가 있다. 크리스토퍼 놀란Christopher E. Nolan이 감독한 영화 〈메멘토Memento〉에서 주인공 레너드는 아내의 살인 사건 이후 초단기 기억 상실증에 걸려 15분 정도 지나면 새로운 기억이 사라지는 상태가 된다.

따라서 그는 매순간 새로운 상황에 던져지는 듯한 삶을 산다. 사고 이전의 장기 기억은 유지되고 차 운전, 싸움 등과 같은 기억은 남아 있다. 레너드는 매 순간 자신의 기억이 리셋되는 상태에서 삶을 이어가면서 아내의 살인범을 찾아야 한다. 레너드는 기억을 믿을 수 없기 때문에 외부 기억 장치를 구축하여 자신을 관리한다. 처절한 몸부림이다.

즉각적인 정보는 폴라로이드 사진에 기록한다. 사람·장소·사건을 즉석카메라로 찍고 사진 아래에 바로 메모를 작성한다. "이 사람을 믿지 마라", "이 남자는 너를 도우려고 한다"와 같은 아주 핵심적인 정보만 넣는다. 생존에 관계되는 필수 정보만 기록한다.

더 중요한 정보는 몸에 문신으로 새긴다. 단순 메모로는 잊어버릴 수 있는 범인이 정보와 같은 핵심 단서는 피부에 직접 새긴다. 문신 내용은 범인에 관계된 장기 목표용이다. "그는 남자였다", "자동차 번호판 ○○○" 등을 몸에 새겨 놓는다.

마지막으로, 행동 원칙을 만든다. 낯선 장소에서는 주변을 관찰하고 증거가 없는 것은 믿지 않는다는 규칙을 만든다. 누군가가 조작할 가능성에 대비한 전략이다. 그래서 주인공은 사진의 메모는 반드시 본인이 적고, 문신할 문구도 스스로 결정하며, 다른 사람이 준 정보는 믿지 않는다. 타인의 조작을 최소화하고자 하는 전략이다. 주인공은 자신의 뇌가 제 기능을 하지 못하자 도구와 몸을 기억 장치로 활용하는 방식으로 장애를 극복하려 한다.

손실loss이 일상화되는 노년에 보완 수단을 찾는 것은 SOC에서 중요한 전략이다. 최근에는 바이오 기술과 AI의 덕으로 보완 수단을 풍부하게 찾을 수 있다. 이들은 행동 및 인지 능력의 손실을 보완해 줄 수 있다. 노년의 발달을 그대로 이어가는 데 있어서 좋은 소식이다.

보완 수단을 잘 찾을수록 노년의 발달, 혹은 노년의 진화는 계속된다. AI 시대에는 생각보다 훨씬 많은 수단이 자신에게 발견되지 않은 채 있으니 적극 찾아봐야 한다. 인간은 도구를 사용하는 동물이다. 좋은 도구는 신체의 약함을 보완해 줄 수 있다.

강화를 통해
습관으로

작심삼일(作心三日)은 사람의 심리적 취약성을 보여준다. 마음먹기는 잘 하는데 이를 습관으로 만들지 못한다. 유도의 누르기 한판승처럼 SOC를 좀 해 봤다는 데 그치지 말고 습관화해야 한다. 꾹 눌러서 노후의 발달에서 한판승을 완성해야 한다. 습관화에 관해서는 행동주의 심리학자 스키너B.F. Skinner가 단연 최고다.

스키너는 늦게 심리학의 길에 들어서 하루 종일 공부하고 연구해서 마침내 행동주의 학파의 수장이 된다. 스키너 상자를 이용한 실험이 유명하다. 상자를 만들고 그 안에 레버를 설치한다. 그리고 레버를 누를 때마다 먹을 게 나오게 하면 이후 레버를 계속 누르게 된다. 먹이라는 긍정적 강화를 통해 행동을 변화시킨 실험이다.

부정적 강화 방법도 있다. 상자 안에 약한 전류가 흐르게 한 뒤 쥐를 넣고 쥐가 레버를 누르면 전류가 멈추게 한다. 그러면 쥐는 계속 레버를 누르는 행동을 하게 된다. 행동 직후 불쾌한 환경을 제거시켜 그 행동을 강화하는 행동 수정 방법이다.

스키너는 결과를 통해 행동을 변화시킬 수 있다고 보았다. 심지어 자신에게 사람을 데려오면 원하는 사람으로 만들어 줄 수 있다고 할 정도였다. 그는 처벌을 통해 행동을 변화시키는 것보다 강화를 통한 학습이 효과적이라고 주장했다.

스키너는 《노년을 즐겨라Enjoy Old Age》[31]는 책을 썼는데 이 책의 전제는 노화를 생물학적 쇠퇴로만 보지 않고 환경을 새

---

31) Skinner & Vaughan, 1983, Enjoy Old Age: A Program of Self-Management, Norton & Co. 국내에서는 이시형 번역(2013), 《스키너의 마지막 강의》, 더퀘스트.

로 설계하면 노년의 삶의 질도 향상시킬 수 있다는 주장이다. 그래서 그는 "노년이란 바로 '낯선 타국'과도 같다. 그곳에 가기 전에 준비를 많이 하면 할수록 새로운 생활이 더욱 즐거울 수 있다"라는 말을 했다.

예를 들어, 비가 올 것 같아서 우산을 가지고 나가야겠다고 생각했다면 그 즉시 가방 손잡이나 문고리에 우산을 끼워놓으라든가, 오래전에 만난 것 같은 상대방의 이름이 기억나지 않을 때 쓸 수 있는 몇 가지 전략이라든지, 때맞춰 약 먹는 것을 자꾸 잊어버린다면 아침저녁 쓰는 칫솔에 약주머니를 달아 놓으라든지, 노년이라는 낯선 타국에 가서도 즐거울 수 있는 방법들을 소개하고 있다.

이처럼 스키너는 행복한 노후란 자신을 둘러싼 강화 환경을 적극적으로 관리하는 능력에서 비롯된다고 본다. 낯선 타국의 노년은 노년을 향한 보편적이고 막연한 불안을 말하는 게 아니라, 이민을 계획하는 사람들처럼 다른 나라의 기후, 사람들, 역사, 생활양식 등에 대해 많이 알아 놓고 준비하면 할수록 새로운 생활이 너욱 즐거울 수 있다는 의미이다. 이는 SOC 모델의 주장과도 연관이 된다.

다만, 스키너는 어떤 행동이 1회성에 그치지 않고 습관처럼 지속하게 하는 강화reinforcement 방법을 찾았다. 시력이 약해지는 걸 보완하는 방법으로 돋보기를 사용하거나 조명을 밝게 할 수는 있지만 이는 습관으로 정착되지 않는다. 스키너는 어떤 행동의 결과에 대해 강화를 해 주면 이를 통해 다시 행동이 수정되거나 습관화된다고 보았다. 마찬가지로 어떤 보완 전략이 긍정적 결과를 가져오면 그 행동이 강화되고 반복되어 습관된다.

메모를 하면 다음 회의에서 잘못된 것을 바로잡을 수 있고, 상대방이 나를 속이는 것도 방지할 수 있다. 이런 긍정적 결과는 메모를 습관으로 바꾼다.

필자는 이사회나 운영위원회 등의 회의에 참석하는데, 참석자들 중에는 몇 개월 전에 토의된 내용을 기억하고 있는 사람이 있다. 그가 '당시에는 이런 논의가 있었는데 지금은 그 방향대로 나가고 있는지' 물어보는데, 필자는 까마득히 기억이 나지 않았다. 필자는 〈메멘토〉 영화의 주인공처럼 바로 까먹지는 않지만 망각의 정도가 꽤나 심한 편이다.

그래서 필자도 수첩을 하나 구해서 이사회 회의를 할 때 논의 사항들을 메모로 적었다. 그러니 논의의 기반이 훨씬 탄탄하게 되었다. 이런 긍정적 결과 때문에 필자의 백팩에는 작은 노트들이 들어 있다. 교회 회의 때 노트, 투자 아이디어에 관한 노트, 이사회와 운영위원회 노트 등이다. 보완 수단을 찾고 긍정적 결과를 얻어내고 이를 통해 행동을 강화해 습관화되도록 해야 한다. 습관이 되면 불편하지 않다.

스키너는 《노년을 즐겨라》에서 강화를 통한 습관화를 위해 구체적인 방법을 알려 준다. 첫째, 메모, 일정표, 집의 배치 등을 통해 보완 체계를 만들라고 말한다.

둘째, 스스로 이들이 습관화되도록 강화 조건을 설정한다. 작은 목표를 나누어서 목표 달성의 긍정 평가를 얻고 일을 끝내면 휴식이라는 보상을 주는 등이다.

필자는 지방 강의를 가면 강의를 마치고 카페나 역사에 있는 그 지방 맛집에 들른다. 하루 일을 마치고 받는 보상은 나를 계속 그 일을 좋아하게 만든다. 하루 종일 수련회에서 노동을 하다가 저녁에 먹는 뚝배기 불고기 맛은 잊을 수가 없다. 이것이 또 수련회에서 봉사하게 한다. 그래서 힘든 일을 마치면 꼭 뒤에 맛있는 걸 사 주나 보다. 골프도 마지막 홀을 아름답거나 버디가 나기 쉽게 만들어 이런 긍정적인 강화를 통해 해당 골프장을 또 찾게 만든다.

셋째, 나 혼자만이 아닌 사회적 강화도 필요하다. 요즘은 앱을 통해 걷기나 뛰기에 대해 서로 강화를 해 준다. 어학 학습도 상대방을 격려하거나 내가 격려받는 사회적 강화 구조를 갖고 있다. 사회적인 칭찬이나 감사는 강력한 강화 수단이 된다. 필자가 강의나 저술로 노후를 보내는 걸 보고 '제일 부럽다'는 말을 듣는데 이것이 바로 사회적 강화이다. 필자의 책을 읽고 삶의 방향을 정했다는 독자의 말 때문에 다시는 책을 쓰지 않겠다고 하고는 또 책을 쓰게 된다. 나의 인정이 아닌 타인의 인정이다.

넷째, 생각만 하지 말고 행동해야 한다. 기분이 좋아야 움직이는 게 아니라 움직이니 기분이 좋아지는 것이다. 하루 종일 전화 한 통 받지 않고 사무실에 있으면 우울해진다. 이런 때 전화 몇 통화만 하면 기분이 달라진다. 나가서 걸으라고 하는 이유가 여기에 있다.

이 모든 과정이 습관화된 SOC를 통한 노후 재설계이다. 정리하면, 보완 수단을 통해 보완적 환경을 설계하고, 강화를 이용하여 이를 습관화하고(특히 사회적 연결을 통한 강화가 중요하며), 무엇보다 행동해야 한다.

발테스나 스키너는 노년을 수동적 퇴보가 아닌 능동적 학습으로 보았고, 능동적 설계, 능동적 자기관리, 능동적 강화가 핵심이었다. 그리하여 노년은 쇠퇴의 시기가 아니라, '새로운 강화 환경을 스스로 설계하는 시기'이며, 그렇게 함으로써 삶의 의미와 즐거움을 만들어 갈 수 있다고 보았다. 발테스의 SOC 모델에 스키너의 강화를 더해 '재설계를 습관화'하면 된다. 이 정도면 은퇴연옥을 탈출하거나 혹은 은퇴연옥에 들어가지 않을 좋은 인프라다.

SOC를 실천하는
사람들

많은 사람이 부지불식간에 SOC를 실천하고 있다. 여기에 몇 가지 사례를 들어본다.

이야기 하나. 필자는 금융시장에서 오래 활동했지만 적극적으로 다이내믹하게 투자에 관여하는 목표는 버렸다(선택). 나이 들어 관련된 동류 집단이 별로 없으며, 정보를 모을 수도 없고, 금융시장에 집중할 수 있는 체력도 약하다. 그래서 은퇴자산관리를 선택했다. 투자도 상당 부분을 펀드에 두고 주식 종목 배분 비율은 줄였다. 경제 분석도 깊은 수준이 어려워 큰 흐름을 잡는 방향으로 했다.

과거 경제 분석과 달리 지금의 경제 분석은 범위와 깊이 면에서 필자가 따라가지 못한다. 필자가 경제학을 다시 공부한다고 해서 미분방정식이나 적분방정식 혹은 위상수학을 공부하겠다는 목표는 세우지 않는다. 그래서 연구나 전문성의 범위를 은퇴자산관리로 축소했다.

목표는 좁혔지만 목표를 달성하기 위한 집중도는 유지한다(최적화). 규칙적으로 사무실을 계속 나오면서 정보를 습득하고 사람들을 만나고 책을 쓴다. 사무실에 나오는 걸 좋아하기도 하지만 한두 번 게을러져서 집에 있게 되면 계속 나오지 않게 된다. 경제나 투자에 관한 보고서와 유튜브는 계속 본다.

아무리 똑똑한 사람이라고 해도 시장의 정보에서 나오는 집단 지성을 활용하지 않으면 헛소리를 하게 된다. 가끔 꽤 공부를 많이 한 사람이 엉뚱한 소리를 하는 건 시장의 정보를 따라가지 않았기 때문이다. 필자도 유튜브에 나가서 즉석 질문에 답하다 보면 가끔 엉뚱한 답을 할 때가 있다. 이럴 때면 간담이 서늘하다.

다만, 과거처럼 보고서를 쌓아 놓고 본다든지 원문을 모두 찾아서 보지는 않고, 간접적으로 들어오는 정보를 활용한다(보완). 다행히도 과거의 텍스트 위주의 자료나 폐쇄적인 정보 유통 채널과 달리 최근에는 다양한 형태의 자료(동영상, 음성, 요약본, 기사의 자동 요약 등)가 있고 정보 유통도 상대적으로 열려 있다. 유튜브에도 엄청난 정보가 유통된다. 필자는 어느 정도는 식별 능력을 갖추고 있어서 효율적으로 정보 유통 시장에 참여할 수 있다. 선택·최적화·보완을 나도 모르게 실천하고 있는 셈이다.

이야기 둘. 우리나라의 유명 인사들도 SOC 전략을 채택하고 있다. 1920년 출생인 김형석 교수는 관심의 주제를 삶, 행복, 노년에 집중했다. 평생의 철학 및 교육 경험을 대중 언어로 풀었고 짧은 글, 강연, 대담 등 비교적 에너지 효율이 높은 활동을 했다. 그리고 다양한 이슈를 제기하고 깊은 토론을 하기보다는, 단순하지만 본질적인 메시지를 반복하는 방식을 택했다. 그리고 젊은 시절부터 해 온 수영을 계속하면서 체력과 건강을 유지하고 있다.

필자는 김형석 교수께서 100세일 때 강연을 들었는데 두 시간을 중간에 한 번 쉬고 했다. 필자도 강연을 해 봐서 알지만 두 시간 강의는 젊은 사람도 끝나고 나면 진이 빠진다. 아마 동일한 메시지를 통해 뇌의 긴장도를 낮추고 수영을 통한 체력이 뒷받침되었기 때문으로 보인다.

이야기 셋. 배우 윤여정은 미국 이민 가족의 역사를 묘사한 영화 〈미나리〉(2020)를 통해 한국인 최초로 아카데미 여우조연상을 받게 된다. 한국에서 미국으로 건너가 외손자와 소통하는 할머니 역할을 맡았다. 조연이지만 주연 같은 느낌을 준다.

이병헌이 주연한 〈그것만이 내 세상〉(2018)에서 윤여정은 재혼하면서 이병헌을 버렸다가 다시 만나는 엄마 역할을 맡았다. 재혼해서 낳은 서번트증후군을 가진 자녀(박정민 분)를 데리고 있다. 이병헌과 박정민이 주연이지만 윤여정의 역할을 빼놓을 수가 없다. 비빔밥의 고추장과 같은 역할이다.

그 외에도 〈죽여주는 여자〉(2016), 〈계춘할망〉(2016), 〈지푸라기라도 잡고 싶은 짐승들〉(2020), 〈찬실이는 복도 많지〉(2020)

에 출연했으며, 2025년에는 미국의 로맨틱 코미디 영화인 〈결혼피로연The Wedding Banquet〉에 출연했다. 2020년에 3개의 작품에 출연했을 때 나이가 73세였다.

윤여정은 주연이나 흥행 위주의 선택을 줄이고 자신에게 맞는 배역을 선택했다. 주연이면 많은 장면을 소화해야 하지만, 조연으로 짧은 등장에도 인물의 밀도를 극대화할 수 있는 전략을 택했다. 최적화 전략이다.

인생 오후는 선택과 지혜의 중요성이 커지는 시기이다. SOC 전략이 도움이 된다. 덜 할 것을 현명하게 고르고 Selection, 남은 자원으로 가장 잘 해 내고 Optimization, 소실된 기능은 다른 강점으로 메우는 것 Compensation이다. 아래의 SOC 진단을 보면서 나는 어떤지 한 번 체크해 보자.

| 성공적인 SOC를 위한 조언 |

구분	진단 항목
선택	☐ 지금 나에게 더 이상 중요하지 않은 역할이나 목표를 의식적으로 줄이고 있다. ☐ 남의 기대보다 내 삶의 중심 가치를 기준으로 선택한다. ☐ 바쁘게 사는 것보다 의미 있는 한두 가지를 지키는 것이 중요하다.
최적화	☐ 일을 덜 하지만 더 깊게 하려고 한다. ☐ 경험과 노하우를 활용하여 불필요한 시행착오를 줄인다. ☐ 꾸준히 유지하는 루틴이 있다. ☐ 체력과 집중력이 가장 좋은 시간대와 방식을 알고 활용한다.
보완	☐ 예전보다 어려워진 것을 부정하지 않고 인정하며, 새 방식을 찾는다. ☐ 체력, 속도, 기억력의 감소를 다른 수단으로 보완하고 있다. ☐ 혼자 하려 하기보다 도구, 기술, 타인의 도움을 활용한다.

PERSONA

ARETE

RELATIONSHIP

SELECTION

OPTIMIZATION

COMPENSATION

TAX

INCOME PRICE

SPACE SYMPATHY

SHARE

4장

TIP:
은퇴소득 만들기

생애에 걸쳐 자산관리를 할 때 지켜야 할 3가지 기준이
있다. 사람을 채용할 때 나름의 기준이 있듯이
자산을 살 때도 최소한 3가지 기준은 충족하는지 보아야
한다. 첫째, 세금(Tax)을 절약하는 계좌에 돈을 두는가?
둘째, 인컴(Income)이라는 현금흐름이 있는 자산인가?
셋째, 구매력(Price)을 유지하는 자산을 보유하는가?
각각의 앞 글자를 따면 TIP이 된다.
생애 자산관리를 잘 해서 성공적인 은퇴소득을 만들려면
이 세 가지 기준을 지켜야 한다.
이는 마치 빛의 3원색과 같아서 자산관리의 밑바탕이 된다.

자산에서 소득으로

노후를 위해 목표한 만큼의 돈을 모은 사람들이 낭패를 당하는 것을 종종 본다. 5억 원을 모았는데, 금리가 하락하는 바람에 이자로 생활비를 충당하는 데 차질이 생긴 것이다. 자산관리의 목표를 정확히 해야 하는 이유다.

젊을 때는 '얼마를 모아야 하겠다'는 자산 목표를 세워야 하지만, 나이 들어서는 '축적한 자산에서 얼마를 인출하겠다'는 소득 목표를 갖는 게 맞다. 젊을 때는 자신의 근로소득으로 자산을 축적해야 하지만, 인생 오후에는 축적한 자산에서 소득 을 만들어 내야 한다. 목표와 수단이 바뀐다. 인생 오전에는 소득이라는 수단으로 자산이라는 목표를 달성하고, 인생 오후는 자산이라는 수단으로 소득 창출이라는 목표를 달성해야 한다. 그래서 인생 오후의 전환기에 '자산에서 소득으로From Asset To Income'라는 자산관리 방식의 전환이 일어나게 된다.

인생 오후에 소득이 아닌 자산을 목표로 했을 때 어떤 문제를 발생시키는지 알아보자.

우선, 수명이 길어지면 차질을 빚는다. 5억 원을 모아 두고 90세 성도까지 살 것이라 생각했는데 수명이 더 길어질 수 있다. 매월 300만 원 정도를 쓴다면 기대수명이 10년 길어지면 원금만 3억 6,000만 원이 더 필요해진다. 주어진 자산에서 수명이 길어지면 내가 받는 월 소득은 줄어든다. 만일 국민연금처럼 종신까지 월 200만 원의 실질소득을 받게 해 놓으면 수명이 길어져도 문제없다. 하지만 자산 준비만 해 놓으면 수명 불확실성에 취약하게 된다.

둘째, 금리가 변하는 경우이다. 5% 금리일 때는 5억 원 자산에서 매년 2,500만 원의 소득이 나오지만, 금리가 1%로 하락하면 500만 원에 불과하다. 거꾸로 보면, 매년 2,500만 원의 이자소득을 만들기 위해서 5% 금리일 때는 5억 원이면 되었는데, 1% 금리일 때는 25억 원이 필요하다. 자산에서 금리를 곱하면 소득이 나오는데, 자산만 준비해 놓으면 금리에 따라 내가 받는 소득이 들쑥날쑥하게 된다.

셋째, 인플레이션으로 자산의 가치가 하락하여 구매력이 하락하는 경우다. IMF 때 자녀를 미국에 유학 보낸 사람들은 원화 가치가 하락하면서 즉, 원/달러 환율이 급등해 곤혹스러웠던 적이 있다. 이는 달러에 대한 원화의 구매력이 하락했기 때문이다. 마찬가지로 돈은 물가가 오르는 인플레이션 때문에 구매력이 갈수록 떨어진다. 장기로 갈수록 물가 상승의 복리 효과로 구매력은 크게 떨어진다. 목표한 돈으로 생활비를 충당하기 어려울 수 있다.

마지막으로, 의외의 사건으로 돈을 쓰게 되는 경우다. 자녀의 사업자금을 지원하게 되거나 본인이 금융사기를 당할 수 있다. 이런 의외의 사건이 아니더라도 행동재무학적인 견지에서 보면, 돈을 못 찾게 스스로를 묶어 놓지 않으면 목돈은 가뭄에 저수지 물 줄어들 듯이 조금씩 줄어들게 된다. 트로이 전쟁을 끝내고 고향으로 돌아가던 오디세우스가 돛대에 스스로 몸을 묶어 놓지 않았더라면, 사이렌의 노래 소리에 배가 암초에 부딪혀 파선 되었을 것이다.

이처럼, 자산을 목표로 노후설계를 하면 금리와 수명 변화, 물가, 그리고 의외의 사건 발생에 취약하게 된다. 노후가 길어진 마당에 이로 인한 오차는 치명적인 결과를 낳는다. 하지만 소득을 목표로 할 경우 자산 목표에서 비롯되는 문제를 완화시킬 수 있다.

예를 들어, 8억 원이라는 자산 목표가 아니라 퇴직 후 매월 300만 원 소득 목표를 세운다. 이렇게 되면 금리와 수명의 변화, 그리고 의외의 사건 발생에 대해 견고하게 된다. 그뿐 아니라 300만 원의 소득을 만들기 위해 저축계획을 어떻게 할지를 중간 중간에서 계속 조정하게 되어 노후설계의 오차를 줄일 수 있다.

월 300만 원 소득을 60세부터 받기로 목표를 세우고 이를 위해 8억 원을 모으기 위한 저축 계획을 만들었다. 그런데 수

명이 길어지고 금리가 하락하면서 10억 원이 필요하게 되었다. 이 경우 2억 원을 더 모으기 위해 저축 계획을 조정하게 된다. 월 300만 원 목표는 변하지 않지만 금리와 수명 변화에 따른 노후 설계의 오차를 줄이기 위해 자산 목표와 저축 계획이 계속 조정되는 것이다.

장수시대의 노후설계는 소득개념 목표가 첫 단추이다. 그래서 '자산배분'이 아닌 다양한 소득을 주는 자산으로 구성된 '소득배분'이 중요해진다.

저금리·장수시대의 은퇴소득 전략

저금리는 은퇴자산관리 방식을 많이 바꾸었다. 예금이 매력을 잃었다. 그리고 종신연금과 정기연금과 같은 저축성 보험의 매력이 떨어졌다. 종신연금은 주로 채권에 운용해서 종신토록 원금과 이자를 나누어서 지급하는 방식이다. 물론 먼저 사망한 사람의 잔고를 생존자가 나누어서 갖는 생존 크레딧이란 효과가 있지만 아직 우리나라에서 이 부분은 크지 않다. 20년 정도의 기간을 보증하기 때문에 그 전에 사망할 경우 본인의 돈을 찾아갈 수 있기 때문이다.

저금리에 장수까지 더해지면 민간의 종신연금 매력은 더

떨어진다. 금리가 낮으니 자산운용 수익률이 낮아지고 종신
토록 지급해야 하니 수명이 길어지는만큼 받는 금액이 줄어
든다. 자산의 원금과 수익이 어느 정도 정해진 상황에서 연
금을 받아야 하는 기간이 늘어나면 연금 지급액을 줄여야 한
다. 10억 원의 재원이 있는데 20년을 나누어 주면 연 5,000만
원이지만 40년을 나누어 주면 연 2,500만 원으로 줄어드는
것과 같은 이치다. 수명이 길어져서 일어난 현상으로, 생애
에 걸쳐 받는 돈의 합은 변화가 없지만 사람들은 매월 받는
돈이 줄어드는 것만으로 매력이 떨어졌다고 생각한다.

영국에서는 퇴직연금을 찾을 때 일정 부분을 종신연금으
로 받도록 의무화되어 있었다. 그런데 가입자들의 불만이 커
졌다. 저금리에 장수가 겹치면서 연금 수령액이 많이 줄었기
때문이다. 당국은 2015년 4월부터 연금 의무화를 폐지했고
이후 퇴직연금 가입자들은 절반 이상이 일시금으로 수령하
여 각자가 알아서 관리하게 되었다.[32] 저금리와 장수가 불러

---

32) 정원석(2016.10), 〈영국 퇴직연금 연금화 수령 의무 폐지 이후 가입자 행태〉,
    보험연구원.

온 연금 시장의 변화다.

또한 종신연금이나 정기연금(10년, 20년 등으로 기간을 확정해서 지급)은 원금을 소진하는 방식이다. 연금에서 말하는 1억 원당 수령액은 순수한 수익이 아니라 수익과 원금을 합한 금액이다. 원금이 훼손된다. 마치 주택담보대출을 받고 원금과 이자를 균등 분할해서 상환하면 오랜 기간 후에 대출금이 하나도 남아 있지 않는 거나 마찬가지다.

수명이 길어지면서 사람들은 이런 방식에 대해 불편해하기 시작했다. 원금이 없어지면 어떻게 되나? 장수시대에 이렇게 원금을 야금야금 갉아 먹어도 되나? 의문이 마구 떠오른다. 그래서 수익만으로 생활비를 마련할 방법을 찾기 시작했다. 소위 알을 낳는 거위를 잡아먹지 말아야겠다는 생각이다.

알을 적게 낳는다고 거위를 잡아먹지 말아야겠다! 알은 먹어야 하겠고 그러면 어떻게 해야 하는가? 거위가 알을 조금 더 낳게 하는 수밖에 없다. 낮은 소득을 주는 자산이 아닌 좀 더 높은 소득을 주는 자산을 찾아가는 것이다. 2~3%가 아닌 5~6% 소득을 주는 자산을 찾는다. 5~6% 정도 꾸준한 금융소득이 있으면 절약하면 원금을 훼손하지 않고 오랫동안 생활비에 충당할 수 있기 때문이다.

이게 '인컴자산'이다. 채권, 예금, 수익형 부동산, 배당주식 등이 모두 여기에 속하지만 요즘은 더 높은 인컴을 찾다 보니 리츠REITs, 고배당 ETF, 월배당 커버드콜 ETF 등이 인기를 끌고 있다. 사람들은 이제 은퇴소득을 얻기 위해 인컴을 예금이나 채권이 아닌 투자 자산에서 받는 방식을 선택하기 시작했다.

일본은 1995년에 제로(0)금리에 돌입했다. 일본 가계는 그 이전에 자산운용 수단이 예금, 보험, 부동산이었다. 하지만 제로금리에 돌입하고 10여 년 지나자 자산이 다양해졌다. 마치 캄브리아기에 지구상에 생물의 다양성이 폭발했듯이 증가한 것처럼 리츠, 해외주식, 해외채권, 배당주식, 월지급식 펀드 등이 잇따라 나왔다. 높은 인컴을 찾아 돈이 움직였다. 우리도 이 방향성이 강화될 수밖에 없다.

높은 금융소득에는 위험도 그만큼 따른다. 그런데 노후에는 안전해야 한다. 이 두 가지 상충되는 상황을 어떻게 해결해야 할까? 젊을 때에 비해 50, 60대 이후의 자산관리가 훨씬 까다로운 이유다. 절대적으로 우월한 솔루션은 없지만 상대적으로 우월한 솔루션은 있다. 저금리 예금이라는 비효율적인 솔루션 영역에 있는 사람은 조금씩 탈출해야 한다. 환경이 바뀌었다. '새 술은 새 포대에'라는 말처럼 솔루션을 찾아보자.

TIP(Tax, Income, Price):
절세, 인컴, 물가

빨강, 파랑, 노랑 세 가지는 색의 3원색이다. 자산 관리 방법도 꼭 지켜야 할 세 가지 요소가 있다. 절세Tax, 인컴Income, 물가Price이다. 영어의 앞 글자를 따면 TIP이다. 자산관리의 3원색(原色)이라 할 수 있다. 왜 자산관리 3원색이 되는지의 논리 연결은 물가, 인컴, 절세의 순서로 설명된다.

첫째, 자산관리의 마지노선은 명목원금이 아닌 실질원금, 즉 돈의 구매력을 지키는 것이다. 수익률이 최소한 물가상승률은 넘어야 한다는 뜻이다. 실질원금 지키기는 말처럼 쉽지 않다. 물가상승률이 3%일 때, 1억 원을 3% 이자를 주는 예금에 10년 놓아두면 이자수입은 통틀어 3,000만 원이지만 소득세와 물가 상승을 감안하면 실질적으로 392만 원이 손실이다. 내역을 보자.

명목이자는 연 300만 원, 10년 3,000만 원이지만 이자소득세 15.4%를 원천징수하면 매년 254만 원, 10년 2,540만 원이 된다. 여기서 10년 후의 254만 원은 189만 원의 구매력이 있다. 9년 후, 8년 후도 각각 다르다. 이들을 10년간 합하면 구매력 기준 이자금액은 2,167만 원이다. 그런데 10년 뒤에 받는 원금 1억 원은 구매력이 7,441만 원에 불과하다. 결국 실질이자 2,167만 원에 실질원금 7,441만 원을 더하면 9,608만 원으로 1억 원에 392만 원 모자란다. 10년 동안 운용했지만 구매력 기준으로 마이너스 392만 원이 된다.

실질원금을 지키면 거기에서 나오는 배당도 실질소득이 지켜진다. 실질소득이 지켜진다는 뜻은 소득이 물가만큼 오른다는 뜻이다. 지금 소득이 100만 원인데 물가가 50% 오르면 150만 원이 되어야 실질소득이 지켜진다. 같은 수량의 물건을 살 수 있기 때문이다.

배당주를 예로 들어 보자. 배당주 가격이 1만 원인데 배당수익률이 3%라고 하면 배당금은 300원이다. 그런데 배당주 가격이 1만 5,000원으로 50% 오르면 배당수익률이 여전히 3%이더라도 배당금은 450원이 된다. 배당금도 50% 증가했다. 배당수익률이 같으면 배당금도 정확하게 원금이 오른 만큼 오른다. 원금이 물가만큼 오르면 배당금도 물가만큼 오른다. 나무의 둥치가 커지면 가지도 커지는 법이다.

장기로 운용하는 각종 연기금들은 목표 수익률을 최소한 물가상승률 이상으로 둔다. 이를 달성하려면 예금과 채권만으로 어렵다. 국민연금의 경우 주식과 부동산 등의 자산이 60%를 차지한다. 개인들은 최근에 저금리로 인해 예금과 저축성보험으로는 실질원금을 지키기 만만치 않게 되었다. 일본은 1995년 제로금리에 접어들면서 가계는 예금과 연금에서 해외자산과 배당자산으로 이동했다.

둘째, 개인들은 소득이 꾸준히 나오는 인컴income자산을 가져야 한다. 자산은 크게 나누어 금, 원유, 원자재, 재개발 부동산, 벤처 투자처럼 인컴이 나오지 않는 자산과 주식, 수익형 부동산, 채권처럼 인컴이 나오는 자산이 있다. 자산에서 현금흐름이 발생한다는 뜻이다. 워런 버핏Warren Buffett은 인컴자산을 일컬어 '상업용 젖소'라 불렀다. 개인의 자산관리는 인컴이 나오는 자산이 중심core이어야 한다.

인컴이 나오는 자산은 장점이 많다. ① 자산을 팔지 않아도, 자산가격이 오르지 않아도, 인컴이 현금으로 들어온다. ② 인컴이 들어오면 자산가격이 급락해도 그 자산을 급하게 싼 가격에 팔지 않아도 된다. ③ 생활비를 마련하려고 매도 타이밍을 고민할 필요도 없다. 무엇보다 ④ 인컴자산은 현금흐름이 있기에 투자 손실 위험을 줄여준다.

예를 들면, 4% 임대수익률이 있는 부동산은 20년 동안 가격이 오르지 않아도 단순하게 80%(4% 곱하기 20년)를 회수할 수 있다. 매년 받은 임대료를 4%로 또 운용한다고 하면 120%의 돈을 회수한다. 자산가격이 하락해도 시간이 지나면 인컴의 축적이 손실을 메워 준다. 이처럼 인컴자산은 시간이 지날수록 인컴이 쌓인다. 시간이 나의 우군(友軍)이 된다.

셋째, 인컴에 부과되는 세금을 줄이기 위해 자산을 절세계좌에 담아야 한다. 배당이나 이자소득은 2,000만 원이 넘으면 종합소득에 합산하여 과세되므로 단순하게 15.4% 세율에 끝나지 않을 수 있다. 퇴직 후 공적연금, 임대소득 등에 금융소득까지 합산과세 되면 세후 소득이 낮아질 수 있다. 절세는 확실한 수익을 주므로 반드시 챙겨야 한다.

국가는 개인의 자산 형성을 위한 인센티브로 절세계좌를 허용하고 있다. 납입, 운용, 인출 세 단계에 걸쳐 세제혜택이 있다. IRP(개인형퇴직연금)와 연금저축은 연 납입액 900만 원까지 세액공제를 받을 수 있으며, 운용 중에 소득이 발생하더라도 세금의 원천징수를 인출할 때까지 이연(移延)하고, 이후 돈을 인출할 때는 낮은 세율로 과세한다. 과세를 이연하는 효과는 장기 자산관리에서 '소리 없는 엔진'처럼 돈을 불린다.

절세계좌는 매년 허용되는 납입액이 적어 보이지만 꾸준히 장기적으로 쌓으면 상당한 금액이 노후에 절세 자산이 될 수 있다. 일찍부터 절세계좌를 통해 자산관리를 해야 하는 이유이다. 한편, 주식 종목(연금계좌에서는 주식 종목을 살 수 없다)

에서 받는 배당에 세제혜택을 받으려면 ISA(개인형저축계좌)를 이용하면 된다. 이 역시 과세이연, 저율과세, 분리과세 모두 된다.

기업에서 사람을 뽑을 때는 정직, 지식, 판단력, 성품 등의 기준을 갖고 본다. 자산을 선택할 때도 기준이 있어야 한다. 각자의 투자 철학에 따라 여러 기준이 있겠지만 공통되고 근본적인 기준 셋을 고르라면 절세, 인컴, 물가(구매력)라 할 수 있다.

이제 자산관리를 할 때는 자신의 자산이 장기적으로 ① 실질원금과 실질소득을 최소한 보전할 수 있는 것인지, ② 꾸준하게 높은 인컴을 주는지, ③ 이들 자산이 절세 효과를 극대화할 수 있도록 계좌에 배분되어 있는지 체크해 보자. 남녀노소 모두에 적용되는 자산관리 팁TIP이다.

절세(Tax)

연금의 세제혜택은 몇 가지?

연금은 일반적으로 세액공제의 혜택만 생각하지만 우리가 인지하지 못하는 세제혜택들도 있다. 연금에서 주는 세제혜택은 소득공제, 세액공제, 비과세, 과세이연, 저율과세, 분리과세 등이 있다.

첫째, 소득공제는 국민연금처럼 납입액을 소득에서 빼주는 것을 말한다. 과세율이 높은 사람일수록 유리하다. 국민연금은 회사에서 납입하는 부분은 제외하고 본인 납입분인 4.5%에 해당하는 금액이 소득공제 되며(2002년부터 시행되었으며 그 이전에는 과세를 했다), 공무원이나 교사의 직역연금은 본인이 9% 납입하므로 소득공제액도 많다.

물론 영원히 세금을 내지 않는 것은 아니다. 연금을 찾을 때 퇴직소득세나 연금소득세를 납부한다. 다만 수령할 때 세율이 낮으며 또한 연금을 받을 나이 때쯤이면 다른 소득이 없으므로 누진과세될 가능성도 별로 없다. 더욱이 공적연금은 합산과세 되는데 반해 퇴직소득은 분리과세 해 준다. 소득공제는 인지하지 못하는 강력한 혜택이다.

둘째, 세액공제는 연금저축과 IRP에서 세액공제 한도 900만 원 내에서 납부한 금액의 13.2%나 16.5%를 이미 납입한 세금에서 돌려주는 것을 말한다. 소득이 적은 사람은 후자의 16.5% 세액공제 혜택을 주고 많은 사람은 전자의 13.2% 혜택을 준다. 900만 원을 한 해 납입하면 118만 원(13.2%)이나 148만 원(16.5%)을 돌려준다. 900만 원을 초과한 납입액에 대해서는 원천징수를 하지 않고 저율과세 하기 때문에 세후 수익률을 높일 수 있다. 나중에 인출할 때 저율의 연금소득세로 납부하게 된다.

셋째, 비과세는 운용수익에 대해 과세하지 않는 것을 말한다. 과세가 연기되는 게 아니라 아예 과세하지 않는다. 여기에는 연금보험과 같은 세제비적격 상품이 있다. 세제비적격이라 해서 자격이 되지 않는다는 부정적 인식을 가질 필요가 없다. 세액공제나 소득공제를 해 주지 않지만 보험차익에 대해 비과세한다.

연금보험은 수익이 보험차익으로 간주되기 때문에 비과세이다. 수익이 발생해도 원천징수하지 않고 수령할 때도 비과세한다. 비과세이니 종합소득과세에서도 제외된다. 다만, 5년 이상 납입하고, 10년 이상 계좌를 유지하면 비과세 혜택을 받을 수 있다. 1990년대에 판매된 (구)개인연금은 소득공제와 비과세혜택을 모두 준다.

넷째, 과세이연은 금융소득이 발생해도 지금 세금을 부과하지 않는다. 다만 돈을 찾을 때 과세하므로 그 기간 동안 과세되지 않은 돈을 투자함으로써 수익이 높아지는 효과가 있다. 예를 들어, 1억 원을 이자율 3%의 정기예금에 가입했다면 한 해 이자가 300만 원이다. 그러면 돈을 인출하든 말든

이자소득이 발생한 시점에서 15.4%를 원천징수한다. 46만 2,000원이 국고로 귀속되고 254만 원의 이자를 수령한다. 그러면 1억 254만 원이 되는데 다음 해 받는 이자는 307만 원이고 여기서 47만 원을 원천징수한다. 2년 후에 1억 514만 원이 된다. (= 1억 254만 원 + 307만 원 - 47만 원)

그런데 원천징수를 하지 않았으면 2년 후 1억 609만 원이 되고 이때 돈을 찾으면서 15.4% 세금을 내면 1억 515만 원으로 1만 원의 수익이 더 발생한다. 이 1만 원이 2년 과세이연한 세금혜택이다. 차이가 없다고 느낄 수 있지만 과세이연이 길어질수록 그 혜택이 훨씬 커지게 된다. 수익률이 5%일 경우, 1억 원을 30년 운용하고 과세이연을 하게 되면 2억 8,100만 원의 세후 수익이 되는 반면에 과세이연이 없으면 2억 4,650만 원이 된다. 과세이연의 세후 수익이 3,447만 원이 더 많아진다. 과세이연의 복리 효과다. 만일, 30년 후에 15.4%가 아닌 5.5%로 저율과세 되면 세후 수익은 3억 1,550만 원이나 되어, 그렇지 않은 경우에 비해 6,900만 원이 많아진다.

그래서 30년 이상 운용해야 하는 연금에서 원천징수하지 않고 찾을 때까지 과세를 유예해 주는 것은 숨어 있는 보물과 같은 세제혜택이다. 필자는 과세이연을 투자 수익을 내는 '소리 없는 엔진'이라 부른다.

다섯째, 국민연금소득, 퇴직소득, 연금소득은 찾을 때도 세율을 낮게 해 준다. 국민연금은 2002년 이후 납입금액은 소득공제 되었으므로 수령 때 과세한다. 그리하여 2002년 이후의 납입액에 대해서만 과세대상이 되고 여기에서 연금소득공제, 인적공제를 하고 난 뒤의 과세표준액이 1,400만 원 이하면 소득세율 6%를 부과한다.

퇴직소득은 종합소득 합산과세 되지 않고 저율과세이며 게다가 연금으로 수령하면 퇴직소득세의 50~70%만 납부하면 된다. 연금소득도 찾을 때는 3.3~5.5%의 낮은 세율로 과세한다. 또 하나의 장점은 사적연금 소득은 건강보험료 계산 때 포함되지 않는다.

여섯째, 분리과세 혜택이 있다. 퇴직소득은 소득액이 많아도 분리과세를 해 주어 누진되지 않는다. 한꺼번에 찾는 퇴직소득에 종합과세를 하게 되면 세율이 너무 올라가기 때문이다. 연금소득도 1,500만 원 이하에서는 합산과세 하지 않고 이를 초과하면 종합소득 합산과세 되지만, 이때에도 16.5%의 세금을 내면 분리과세를 선택할 수 있다. 이처럼 연금계좌는 분리과세라는 옵션을 주므로, 자신의 소득에 유리하게 종합소득 합산과세나 분리과세를 선택하면 된다.

ISA(개인종합자산관리계좌)는 배당소득에 대해 9.9% 세율로 분리과세 해 준다. 15.4% 세율에 비해 낮을 뿐만 아니라 분리과세 혜택도 주는 셈이다.

돈의 절세 배분

사람들은 연비가 좋은 자동차를 타고 다니려 한다. 연비를 좋게 하려고 운전 습관도 바꾸고 혼잡할 때 운전을 피한다. 마찬가지로 자산관리를 할 때도 연비를 좋게 해야 하는데, 절세에 최적이 되도록 자산을 배분하는 것이다. 절세계좌는 자산 편입에 제한이 있기 때문에 여기에 맞게 자산을 배분하여 절세 효과를 극대화하는 게 좋다.

필자는 펀드, ETF, 리츠REITs로 운용할 것은 모두 IRP, 연금

	용어 설명	예시
소득공제	자신의 소득에서 납입액 만큼 공제	5,000만 원 소득에 500만 원 납입 ⇨ 과세대상소득 4,500만 원
세액공제	납입액의 일정분을 돌려받음	900만 원 납입 시 148만 원 환급(16.5%)
과세이연	금융소득에 대해 과세를 인출 때까지 미룸. 소리 없는 엔진	금리 5%일 때 1억 원 30년 두면 3,447만 원 세후 소득이 많아짐
저율과세	배당소득세율이 낮음	15.4% ⇨ (5.5% ~ 3.3%)
비과세	보험차익 비과세	세제비적격 상품(연금보험)에서 발생하는 보험차익 비과세
분리과세	다른 소득과 분리하여 과세	연금소득 1,500만 원 초과 인출 시 16.5% 세금 내면 분리과세 신청

저축과 같은 연금계좌에서 운용한다. IRP와 연금저축은 노후의 월급계좌로 간주하고 있으며 인출의 제한도 크지 않으므로 웬만하면 연금계좌에 돈을 두고 운용한다. 그리고 소득활동을 아직 하고 있으므로 IRP와 연금저축에 900만 원을 꼭 납입한다. 여유 있으면 900만 원을 초과하여 1,800만 원까지 납입한다. 초과 납입금에서 발생하는 소득에 대해서는 원천징수를 하지 않고 저율과세가 되기 때문이다.

연금계좌는 펀드를 할 수 있지만 주식 종목 투자는 불가능하다. 채권 종목은 가능한데 비해 주식 종목은 위험이 크다고 해서 금지되어 있다. 주식 종목 투자는 매매차익에 대해서는 비과세이며 배당소득에 대해서는 15.4% 원천징수하고 이를 종합소득에 합산과세한다. 따라서 매매차익을 위주로 하는 주식 종목 투자는 그냥 세제혜택이 없는 일반 위탁계좌를 활용한다. 절세계좌를 활용하더라도 절세 효과가 없기 때문이다. 절세계좌의 납입 한도만 줄인다.

하지만 배당을 많이 주는 배당 중심의 주식 종목 투자는 ISA를 활용한다. ISA는 손실과 수익을 합산한 순익에 대해 200만 원까지 비과세한다. 서민형과 농어민형은 400만 원까지 비과세다. 비과세 한도를 초과하는 수익에 대해서는 9.9%로 분리과세 한다. ISA는 5년 간 1억 원 납입이 가능하므로 장기적으로 배당소득이 많아질 때 주식 종목 배당소득에 대해 저율의 분리과세라는 혜택이 있다. 필자는 배당을 목적으로 하는 주식 종목은 ISA로 집중했다.

(구)개인연금은 1994년에 도입되어 2000년까지 가입할 수 있었다. 이후에는 신규 가입은 안 되지만 이미 가입한 사람

은 계속 납입할 수 있다. (구)개인연금은 분기 300만 원, 연 1,200만 원까지 납입이 가능하며 여기에서 발생하는 소득에 대해 비과세다. 1억 원 자산이 있고 연 500만 원의 배당이 발생하면 일반 계좌의 경우 77만 원의 소득세를 내야 하지만 이 경우는 세금이 없다.

그뿐만 아니라 납입액의 40%, 최대 72만 원까지 소득공제를 해 준다. 55세 이후에 찾고, 5년 이상 연금으로 받으면 세제혜택을 모두 받을 수 있다. 필자의 경우 5년 이상 연금으로 받으면 세제혜택을 받을 수 있어서 만기를 연장하여 계속 납입하고 있다.

연금보험(연금저축보험과는 다르다)은 납입액에 대해 세액공제나 소득공제는 없다. 그래서 세제비적격 상품이라 부른다. 하지만 금융소득에 대해 비과세혜택이 있다. 보험차익은 비과세이기 때문이다. 보험차익으로 인정받으려면 5년 이상 납입하고 10년 이상 계약을 유지하면 된다.

금액에도 제한이 있다. 월 150만 원, 연 1,800만 원까지 세제혜택을 받을 수 있으며 일시금으로 납입하면 1억 원까지 비과세혜택을 준다. 금융소득이 비과세이기 때문에 종합소득에도 합산과세 되지 않는다. 여유가 있는 사람은 길게 보고 여기에 가입해 두면 노후에 세제혜택을 볼 수 있다.

세제혜택을 주는 여러 계좌들을 펼쳐 놓고 필자처럼 투자 대상 자산의 성격에 따라, 그리고 자산의 종류에 따라, 혹은 자산의 과세 특성에 따라 계좌에 자산을 배분하여 절세 효과를 극대화하는 절세 배분이 필요하다. '공짜 점심', '소리 없는 엔진'은 모두 절세계좌가 주는 혜택이다.

전략 8 :
인컴(Income)

왜 인컴자산인가?

자산이 가져야 할 중요한 속성은 인컴 창출이다. 채권은 이자를 주고, 주식은 배당을, 부동산은 임대료라는 현금흐름을 준다. 사람은 인적자산에서 근로소득이라는 현금흐름이 나온다.

소득이 없는 자산도 있다. 금이나 코인, 원유, 옥수수 등은 소득이 없이 가격만 변한다. 가격이 올라야 돈을 번다. 금은 배당, 이자, 임대료가 없어 금에 투자해서 소득을 얻으려면 금의 가격이 올라야 하고 현금이 실제 들어오려면 금을 일부 팔아야 한다. 가격이 오를 뿐만 아니라 매매도 있어야 한다는 뜻이다. 가계는 배당과 같은 인컴을 주는 자산을 보유해야 한다.

인컴자산은 인컴의 속성에 따라 확정인컴과 변동인컴으로 나눌 수 있다. 전자는 예금, 채권처럼 확정된 이자를 주며 후자는 주식이나 부동산처럼 배당금액이 변하는 자산이다. 후자는 일종의 자본자산capital asset으로 장기적으로 자산가격이 오르면서 배당금액이 증가하는 경향이 있다.

예를 들어, 2%의 배당수익률을 주는 배당주 펀드가 매년 펀드 자산 가치가 5% 증가한다고 하자. 1억 원이면 현재 200만 원의 배당을 받는데, 30년 후에는 자산이 4억 3,000만 원이 되므로 배당금액이 860만 원(4.3억 원×2%)이 된다. 배당수익률은 같아도 배당주 펀드의 가치가 올라 배당금액이 증가하게 된 것이다.

월배당 커버드콜 상품도 인컴자산으로 분류하지만 이는 인컴의 원천이 다르므로 주의를 요한다. 주식은 기업의 수익이 배당의 원천이고, 부동산은 임대수익이 그 원천이다. 하지만 월배당 커버드콜 상품은 옵션이라는 권리를 판 것에 대한 대가로 배당을 받는다.

커버드콜covered call은 주식을 매수하고 콜옵션을 매도하는 전략이다. 옵션을 사면 프리미엄을 지불하지만 옵션을 팔면 프리미엄을 받는다. 콜옵션을 매도하면 일정한 프리미엄을 받지만 그 대신 자신의 원금은 불리한 수익 구조에 놓이게 된다. 자산가격이 오르면 수익을 취하는 권리를 팔았기 때문이다.

이 금융상품의 이익과 손실 구조를 보자. 주가가 상승할 때는 옵션 프리미엄만큼 받고 주가 상승의 혜택은 볼 수 없다. 옵션 프리미엄이 8%이고 주가가 30% 올랐다면 내가 받는 돈은 8%이다. 반면에 주가가 하락하면 '주가 하락률 + 옵션 프리미엄'만큼 손실을 본다. 주가가 30% 하락하면 '-30% + 8%'가 되어 -22%만큼 손해를 본다. 주가가 횡보하면 좋다. 주식 가격이 오르지 않아도 옵션 프리미엄만큼 벌기 때문이다.

이는 예금 이자와 성격이 다르며 주식이나 부동산의 배당과도 성격이 다르다. 어떤 '권리'를 팔았는지 파악해야 한다. 배당률이 높을수록 위험도 그만큼 커지니 유의해야 한다. 배당으로 연 15%를 준다는 것은 안정적 배당 특성이 아니다.

이런 면에서 리츠도 유의해야 한다. 리츠는 기본적으로 차입을 해서 부동산에 투자한다. 따라서 금리변동 리스크뿐만 아니라 부동산 가격 변동 리스크에도 노출된다. 예를 들어, 1,000억 원 자본금에 1,500억 원을 빌려 2,500억 원 부동산을 샀다고 하자. 차입이 있으니 배당수익률은 높을 수 있다. 하지만 부동산 가격이 30% 하락하면 부동산 가격은 1,750억 원이 된다.

돈을 대출해 준 은행 입장에서는 1,500억 원을 안정적으로 회수하기 위해 담보권을 행사해서 부동산을 팔려할 것이다. 부동산을 1,750억 원에 팔고 은행이 1,500억 원 대출을 회수하면 투자자들은 250억 원을 받게 되고 -75%의 손실을 본다. 헐값에 팔리면 손실이 더 커질 수 있다. 그래서 차입 비율이 낮은 리츠를 택하는 게 좋다. 배당수익률만 보고 결정하면 안 된다. 차입 비율이 낮은 인프라 펀드는 금리 및 부동산 가격 변동 리스크가 상대적으로 낮다.

채권, 주식, 부동산(리츠, 인프라 펀드), 커버드콜 등의 인컴 자산에 투자하기 귀찮으면 혹은 전문성이 없다고 판단되면 인컴펀드에 가입하는 것도 방법이다. 인컴펀드는 전문가의 지식을 바탕으로 좋은 인컴자산을 효율적으로 배분한다. 따라서 개인들이 인컴자산을 고르는 실수나 인컴자산의 배분에서 시장에 역행하는 실수를 줄일 수 있다. 필자도 연금계좌에서 인컴펀드의 비중을 늘리고 있다. 장기적인 자산관리를 할 때는 인컴이 고정된 예금이나 채권보다는 인컴이 장기적으로 증가하는 주식이나 부동산이 낫다.

인컴이라는 현금흐름은 큰 매력임에 틀림없다. 자산가격이 오르지 않거나 혹은 떨어지더라도, 그리고 자산을 팔지 않더라도 인컴이라는 현금이 들어온다. 따라서 인컴자산은 가격이 급락해도 헐값에 자산을 팔아야 하는 상황을 줄인다. 한 마디로 자산을 팔지 않아도 될 옵션을 준다. 현금의 정기적인 유입은 옵션을 주는 셈이다. 만일 정기적인 현금흐름이 없는 상황에서 자산가격이 급락하면 그 사람은 생활비를 충당하기 위해 가격이 급락한 자산을 팔아야 한다. 옵션은 언제든 가치가 있다. 인컴은 바로 이러한 옵션을 부여하는 거나 마찬가지다.

| 인컴자산의 종류 |

구분	종류	내용
확정인컴	채권	만기 보유하면 확정 이자 지급. 중간에 매매하면 가격 변동에 노출. 만기가 장기. 물가 변동 취약
	예금	확정 이자 지급. 3년 이내의 단기 자산. 금리 변동에 이자 금액 변함
변동인컴	주식	배당수익률이 변하지 않아도 자산가격이 오르면 배당금이 증가
	부동산 (리츠, 인프라)	배당수익률이 변하지 않아도 자산가격이 오르면 배당금이 증가. 레버리지에 유의
	커버드콜	옵션 매도에서 얻는 프리미엄을 월 배분. 과다한 배당률 주의
	인컴펀드	주식, 부동산 등의 인컴자산을 분산하여 편입
	물가연동채권	물가 상승만큼 원금과 이자 금액이 증가

더 중요한 장점이 있다. 인컴은 투자의 위험을 줄여준다. 투자위험은 수익을 기대하고 투자했는데 자신이 원하던 결과가 나오지 않을 때 일어난다. 연 10% 정도 수익을 기대하고 투자했고, 여기에 맞추어 지출 구조도 짜 놓았는데 20년 동안 그 자산가격이 오르지 않는 경우이다. 이럴 경우 인컴자산은 충격을 줄여준다. 왜일까?

첫째, 인컴은 중간에 지급하는 소득이 있어서 투자위험

을 줄인다. A는 리츠를 샀는데 이후 금리가 오르면서 가격이 30% 하락했다. 투자한 지 3년이 지났는데도 여전히 -30%이다. 리츠의 배당수익률을 6%라고 하면 3년 동안 배당받은 걸 합하면 18%가 된다. 가격이 30% 하락했지만 배당까지 감안하면 -12%로 손실 폭이 줄어든다.

그리고 앞으로 2년 더 지나면 설령 가격이 오르지 않는다 해도 배당이 12% 들어와서 원금 손실을 없애 준다. 이후 리츠 가격이 오르면 덤으로 수익이 더 날 것이다. 설령 가격이 오르지 않는다고 해도 2년 후부터는 총수익이 플러스로 돌아서게 된다. 자산가격 하락을 배당이 메워 주었기 때문이다. 인컴이 있으면 시간이 우군이 된다. 시간이 흐를수록 배당이 쌓여가기 때문이다.

배당이 없는 금과 배당이 있는 수익형 부동산을 비교해서 설명해 보자. 10억 원의 금을 사고 임대수익률 4%인 10억 원의 임대 부동산을 샀다. 만일 20년 동안 금 가격이 오르지 않았다고 하자. (이런 일이 있겠냐고 하겠지만 1980년부터 20년 동안 금 가격은 거의 70% 하락했다.) 금 가격이 오르지 않으니 20년 동안 수익도 없다. 그런데 수익형 부동산 가격도 오르지 않았다고 하자. 인컴이 없으면 자산가격이 오르지 않을 경우 시간이 지날수록 기회비용이 발생한다. 그런데 매년 4%의 임대료를 받으니 20년이면 80%를 회수하게 된다. 만일 매년 4%의 임대소득, 즉 4,000만 원을 계속 재투자했다고 하면 20년 후에는 120%의 수익이 난다. 이처럼 인컴이 있으면 실질적인 자산의 만기가 짧아져 투자의 위험이 줄어든다.

둘째, 턱 없이 비싼 가격에 자산을 매수할 위험을 줄여준다. 자산의 가치는 그 자산에서 나오는 현금흐름을 현재 가치로 할인하여 계산한다. 주식은 수익이나 배당금의 흐름을 할인하여 적정 가치를 구한다.

그런데 현금흐름이 없는 자산은 어떻게 적정가격을 구할까? 구할 방법이 없다. 그냥 수요와 공급에 의해 그때그때 가격이 결정된다. 그래서 현재의 가격이 비싼지 싼지 평가할 방법이 없다. 금 가격이 많이 올랐지만 비싸다 싸다고 말할 수 없는 게 금에는 현금흐름이 없어 적정가격을 구할 방법이 없기 때문이다.

주식 가격도 버블과 버스트가 있다. 하지만 특이한 경우를 제외하고는 버블과 버스트가 일정한 범위 내에서 있다. 자산가격의 버블이 심각하게 진행되지는 않는다는 뜻이다. (물론 인간의 광기가 더해지면 적정 가치도 무색해지기는 한다.) 주식은 PER(주가수익비율)이나 PBR(주가순자산비율)을 활용해서 현재의 주가가 대략 얼마나 뜨거운지 아닌지 정도는 알 수 있다. 그러다 보니 현금흐름이 없는 자산은 턱 없이 높은 가격에 살 위험이 있는 반면에 현금흐름이 있는 인컴자산은 그런 위험을 많이 줄여 준다.

| 인컴자산의 5가지 장점 |

- □ 정기적으로 현금을 준다.
- □ 현금을 얻기 위해 마켓타이밍을 할 필요가 없다.
- □ 헐값에 자산을 팔아야 하는 상황을 줄인다.
- □ 중간에 지급하는 소득이 있어서 투자위험을 줄인다.
- □ 턱 없이 비싼 가격에 사는 위험을 줄인다.

물가(Price)

실질원금 지키기

'그게 언제 적 가격인 줄 알아요?' 내가 물건 가격을 보고 놀라면 아내가 하는 답이다. 가만 보면 물가는 고혈압을 닮았다. 평소 가격 상승을 느끼지 못하지만 시간이 흐르면 생활을 궁핍하게 만들기 때문이다. 고혈압처럼 인플레이션을 '침묵의 암살자'라 부르는 이유다.

인플레이션은 높든 낮든 오래 지속될 경우 구매력에 심각한 문제를 일으킨다. 2% 인플레이션이라면 별 것 아니라 생각할 것이다. 100개 살 수 있던 물건을 5년이 지나도 90개는 살 수 있다. 하지만 20년 지나면 67개밖에 사지 못하며 30년 후에는 55개만 살 수 있다. 인플레이션이 5%라도 되면 돈의 가치는 30년 후에 지금의 4분의 1밖에 되지 않는다. 문제는 인플레이션은 특히 노후에 위험하다는 점이다. 두 가지 이유가 있다.

노후에 직면하는 인플레이션은 우리가 보는 소비자물가지수CPI를 기준으로 한 인플레이션보다 높을 수 있다. 노후에는 젊을 때와 지출 구성이 다르기 때문이다. 고령자는 냉장고, 자동차와 같은 내구재 지출보다는 여가, 보건, 의료와 같은 서비스 지출이 많다. 그런데, 물가 구성 항목 중 내구재 제품의 가격보다는 서비스의 가격이 더 오르기 때문에 물가 부담이 크다. 특히 의료비가 결정적인 영향을 준다. 최근 10년간 의료수가 인상률이 물가상승률의 3.6배에 달한다고 한다.[33]

인플레이션의 위협이 더 큰데도 불구하고 노후에는 인플레이션을 방어할 수단이 별로 없다. 젊을 때는 근로소득을

---

33) 중앙일보(2025. 8. 6. 12:00), "의료수가 인상률, 물가상승률의 3.6배⋯ 수가체계 전면 재검토해야."

벌고 그 일부를 투자하여 투자자산을 보유하고 있다. 임금은 매년 물가상승률을 감안하여 인상되기 때문에 근로소득은 물가에 연동되어 오르는 경향이 있다. 젊을 때는 상대적으로 인플레이션을 덜 걱정해도 되는 이유다.

하지만, 나이 들어서는 정반대 입장에 놓인다. 근로소득이 거의 없고 보유하고 있는 금융자산도 주식과 같은 투자자산보다는 채권, 예금과 같은 안전자산이다. 그러다 보니 물가가 상승한다고 해서 소득이 증가하는 것도 아니고 보유 자산의 가치가 따라 오르는 것도 아니다. 정작 구매력 유지가 필요한 노년에 구매력 상실 위험에 노출된다. 인생 후반전에 인플레이션을 적극적으로 방어해야 하는 이유다.

이처럼 노후에 맞이하게 되는 인플레이션은 높든 낮든 본질적인 위험을 갖고 있다. 특히 장수사회에서는 노후 기간이 길어지므로 파괴력은 커진다. 혹 인플레이션이 예상보다 높아지기라도 한다면 중대한 위협이 된다.

어떻게 대처해야 할까? 우선, 일반 소비자물가보다 높게 물가상승률을 상정하여 대비한다. 3%가 일반 소비자물가상승률이라면 노후에 직면하는 물가상승률은 4~5%는 될 수 있다고 생각해야 한다.

둘째, 내가 보유한 금융자산의 수익률 목표를 너무 안정적으로 잡으면 안 된다. 적어도 물가상승률 이상은 되어야 한다. 이를 위해, 주식, 부동산, 물가연동채권과 같은 자산을 보유하고, 물가상승도 따라가지 못하는 자산의 비중을 줄여야한다. 원리금을 보장하는 자산은 단기적으로 안전해 보이지만 시간을 거듭할수록 실질 가치가 떨어지므로 구매력 측면에서 안전한 자산이 아니다.

마지막으로, 의료비 상승에 대한 헤지hedge로 제약, 바이오, 헬스케어, 요양 관련 부문의 주식을 보유하는 것도 방법이다. 제약회사가 수명 연장의 신약을 개발했다면 내 수명도 더 늘어나게 되지만, 이들 기업의 주가가 상승하면서 보유자산의 가치도 증가한다.

주식과 부동산은 단기적으로 구매력을 보호해 주지는 못한다. 5년 정도는 물가와 주가, 물가와 부동산 가격은 거꾸로 가는 때도 많다. 2022년 물가가 오르면서 금리를 급하게 인상할 때 주가와 부동산 가격은 떨어졌다. 물가가 오름에도 이들 자산가격이 떨어졌다. 하지만 시간이 흐르면 주가와 부동산 가격은 물가를 따라 올라간다.

주가가 물가를 따라 올라가는 이유는 다음과 같다. 주가는 기업의 가치인데 기업은 재화와 용역을 생산하는 곳이다. 물가가 오른다는 것은 재화와 용역의 가격이 오른다는 의미이며 이는 재화와 용역을 생산하는 기업의 매출이 올라간다는 것을 의미한다. 단기적으로는 경쟁사에게 시장 점유율을 빼앗길까 봐 혹은 당국의 물가 규제로 제품 가격을 인상하지 못하지만 시간이 흐르면서 가격을 올리게 되어 있다.

2022년 이후의 흐름을 보면 알 수 있다. 2022년 이후 2~3년은 주가가 떨어졌지만 이후 급속하게 오르면서 수익률이 물가상승률 이상으로 올랐다. 부동산도 마찬가지다. 중기적으로 물가의 상승은 결국 자잿값에 반영되어 기존 주택의 가격도 올리게 된다. 명목원금이 아닌 실질원금을 지키려면 예금이나 채권 중심에서 주식과 부동산으로 옮겨 와야 한다.

필자가 화폐경제학을 공부할 때 배운 핵심 개념이 '화폐환상money illusion'이었다. 자신의 근로소득이 5% 인상되었다고 좋아하는데 막상 물가가 7% 오른 것은 보지 못하고 있는 경우다. 40여 년 전 경제학을 배울 때는 1970년대의 높은 인플레이션이 문제가 될 때여서 물가를 감안한 실질 가치가 중요할 때였다. 돈을 풀면 돈의 가치가 떨어지고 물가가 오른다. 그런데도 물가 오른 건 생각하지 않고 자신의 명목소득 오른 것만 보고 좋아하는 오류를 범한다.

명목원금의 가치만 보전해도 된다는 건 화폐환상에 빠진 거나 마찬가지다. 화폐는 베일veil이다. 베일을 걷어 버리고 실질 가치로 생각해야 한다. 돈의 실질 가치, 돈의 구매력이 중요하다. 장기적으로 실질 가치를 지킬 수 있는 자산을 가져야 한다.

실질원금이 지켜지면 실질소득도 지켜진다

명심해야 할 사실은 실질원금이 지켜지면 실질소득도 지켜진다는 점이다. 물가연동국채를 예로 들어 보자. 물가연동국채는 다른 장치는 없고 물가가 오르면 원금을 물가만큼 올려준다. 예금으로 비유하자면 1억 원 예금을 들었는데 물가가 10% 오르면 이자와는 별개로 원금을 1억 1,000만 원 돌려받는 식이다.

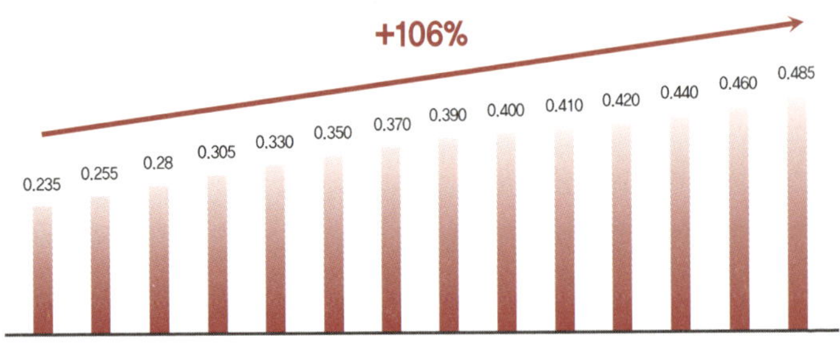

자료: Investing.com
https://kr.investing.com/equities/coca-cola-co-dividends

이런 의문이 생긴다. 물가연동국채에서 받는 이자는 어떻게 될까? 물가연동국채는 발행할 때 표면금리가 있다. 이 금리는 변하지 않는다. 다만, 이자 금액은 원금에 표면금리를 곱한 만큼 준다. 물가가 10% 오르면 물가연동국채의 원금이 10%만큼 증가한다. 표면금리가 같더라도 원금이 10% 오르면 이자 금액도 10% 오른다. 이자 금액이 물가만큼 오르는 셈이다.

그림에서 보듯이 코카콜라의 배당금은 13년 동안 106%가 증가했다. 배당수익률은 3% 내외지만 주식 가격이 올랐기 때문이다. 회사는 유보된 이익을 재투자하여 기업 가치를 높였다. 이 얼마나 놀라운 특징인가? 덩치가 커진 만큼 가지도 커지는 이치이다. 적어도 실질원금이 지켜지는 자산관리를 해야 하는 이유이다.

사물의 본질을 알기 위해서는 극단적인 경우를 상정하면 된다. 예금과 부동산에 각각 10억 원을 50년 동안 투자했다고 하자. 예금 금리와 임대수익률 모두 50년 동안 4%로 가정한다. 예금은 매년 4,000만 원 이자를 받고, 부동산 임대업자는 매년 4,000만 원 임대료를 받는다.

50년 뒤에 예금은 여전히 10억 원이 잔고에 있다. 부동산은 50년 뒤에 가격이 3배가 되어 30억 원이 되었다고 하자. 그러면 50년 뒤에 예금을 가진 사람은 여전히 4,000만 원의 이자를 받는 반면에 부동산을 가진 사람은 1억 2,000만 원(30억 원의 4%)의 임대료를 받는다. 물가 이상으로 원금이 변하는 자산을 가져야 하는 이유이다.

개구리에게 따뜻한 물은 오히려 위험하다. 물이 뜨거워져도 뛰쳐나오지 않고 그 안에 안주하다가 죽기 때문이다. 장수사회는 낮은 인플레이션도 치명적이 될 수 있는 이유다. '침묵의 암살자'에게 나의 평안한 노후를 빼앗기지 않기 위해서는 금융자산을 인플레이션으로부터 적극적으로 방어해야 한다. 무엇보다, 안전자산은 원금을 잃지 않는 게 아니라 장기적으로 실질 가치를 잃지 않는 자산임을 명심하자. 원금의 실질 가치를 유지하면 내가 받는 은퇴소득도 물가만큼 많아진다.

물가연동국채가 구매력을 방어해 준다고 하니 많은 사람들이 물가연동국채를 사고 싶어 한다. 물가연동국채는 그 개념이 쉽지 않다. 물가연동국채는 소비자물가가 오른 만큼 원금을 올려주고, 이에 따라 이자 금액도 물가만큼 많아진다. 따라서, 물가연동 국채 보유자에게 주는 금리는 기대물가상승률을 차감한 만큼 준다.

10년 만기 국채 금리가 3.5%이고 향후 예상되는 물가상승률이 2%라면 물가연동국채 보유자에게 주는 금리는 이론적으로 1.5%가 된다. 실제 2025년 10월 2일 물가연동국고채(물가00750-3406) 1,000억 원 입찰에서 가중평균낙찰금리는 0.57%였다.

물가연동국채는 물가의 불확실성을 방어하기 위해 매수한다. 향후의 물가는 누구도 모르는데, 혹시 현재 금융시장에서 추정하는 것보다 더 높을 수 있다고 예상하면 물가연동국채를 사면 된다. 만일 금융 시장이 기대한 수준만큼 향후에 물가가 오르면 동일 만기의 보통 국채와 동일한 수익률을 얻게 되지만, 의외로 금융 시장의 기대보다 물가가 많이 상승하면 이때 물가연동국채의 진가가 발휘된다. 이처럼 물가연동국채는 예상치 못한 인플레이션으로부터 구매력을 지키기 위한 상품이다.

PERSONA
ARETE
RELATIONSHIP
SELECTION
OPTIMIZATION
COMPENSATION
TAX
INCOME PRICE
SPACE SYMPATHY
SHARE

5장

SSS(3공):
은퇴부부의
공력

노후에는 가정에 부부가 남는다.
시인 도종환은 부부를 '가구'로 묘사했다.
이 시에는 깊은 정으로 살아가는 부부에게 따르는 소통의
부재라는 그림자가 있다. 90%의 편안함과
10%의 쓸쓸함이다. 막 은퇴한 부부는 환경의 급격한
변화를 경험한다. 개구리 한 마리가 고요한 연못에
뛰어들 듯 가정에 동심원이 퍼져가게 된다.
남자가 퇴직을 하고 가정으로 돌아오면서 생기는 일이다.
이 파장을 줄이는 방법이 SSS(3공)이다.
아마 은퇴부부가 갖추어야 할 공력이 아닐까 생각된다.

부부와 가구,
그 익숙함과 쓸쓸함

노년의 부부는 익숙하다. 그 익숙함이 가구와 같다. 도종환은 그의 시 〈가구〉에서 익숙하고 변화 없는 부부의 일상을 '오래 묵은 습관들을 담은 채 자기 자리에 놓여 있는 집안의 가구'로 비유한다. 가구에는 중의적인 의미가 있다. 오래 익은 아름다움이 하나라면 익숙함과 권태는 또 다른 의미이다.

가구에 내재한 익숙함과 고정된 자리는 서로에 대한 신뢰로 묵묵하게 부부의 자리를 지키고 있음을 의미한다. 가구는 가족이 살아가는 공간을 채우는 존재로 추억과 삶의 흔적을 나타낸다. 우리는 가구에 기록된 흔적들을 보면서 삶을 반추해 본다.

문 옆의 벽에 키를 잰 흔적은 아이에 대한 추억이다. 사진은 빛이 남긴 과거의 흔적이지만 벽에 그어진 줄은 실제다. 그래서 오래된 가구는 삶의 증거이다. 말 한마디 않고 조용히 있지만 우리 곁에 있는 따뜻한 추억이다. 말하지 않지만 말을 건넨다.

부부도 얼굴을 마주 보는 것만으로 추억을 공유한다. 얼굴과 몸이 그 시간과 추억을 고스란히 담고 있다. 얼굴의 주름과 불편하게 걷는 관절은 가구에 새겨진 여러 상처들과 삐걱대는 소리와 같다. 오랜 세월을 같이 산 부부는 영락없는 가구의 모습이 된다. 둘은 익숙하다. 그 익숙함만으로 충분하다고 생각한다. 정(情)으로 산다는 게 이런 뜻이리라.

하지만 익숙함이 좋지만은 않다. 익숙함은 일상적인 무덤덤함이기도 하며, 무덤덤함은 소통의 단절로 이어진다. 시인은 '본래 가구들끼리는 말을 하지 않는다'고 한다. 말을 하지 않아도 충분히 심법(心法)이 되는 노부부의 모습을 말하려는 게 아니다. 소통을 해 보려 하지만 잘 되지 않는다. 그래서 〈가구〉의 화자는 늘 머쓱해진 채 아내를 건너다보다 돌아앉는 일에 익숙해져 있다.

일상의 익숙함과 무덤덤함, 그리고 소통의 부재는 고독으로 이어진다. 그래서 시의 마지막에서 '내 자리에서 내 그림자와 함께 육중하게 어두워지고 있을 뿐'이라고 말한다. 한 공간에 있지만 각자의 고독과 오랜 삶의 무게 속에 부부는 약간의 삐걱거림도 없이 정적 속에 사물처럼 있다.

이처럼 〈가구〉는 노년 부부의 깊이 익은 아름다움을 보여주지만 한편으로 거기 내재된 소통의 단절과 고독함을 보여주고 있다. 단절은 사소해 보이지만 밀도가 높다. 마치 소슬바람 같다. 화자의 가구가 육중하게 어두워지는 이유다.

나희덕 시인은 시 〈가구〉에 대해 '서로에게 익숙해진다는 것은 90%의 편안함과 10%의 쓸쓸함을 동반한다'고 했다. 그래서 시인은 가구는 가끔은 삐걱거려야 한다고 말한다. 단절한 채 혼자 무언가를 안고 가는 것보다, 오히려 작은 갈등이나 어긋남이 있어야 관계는 계속 움직이고, 서로를 다시 바라보고, 갱신된다는 뜻이리라. 그런 의미에서 삐걱거림은 소통의 몸부림이다.

부부는 같이 묵어간다고 이심전심이 되지 않는다. 말을 해도 소통이 잘되지 않는데, 하물며 마음으로 소통한다는 건 도(道)의 세계에서나 가능하다. 이를 일상에 적용하면 안 된다. 더욱이 부부는 오래 같이 살았지만 서로가 이해 못하는 각자의 깊은 슬픔이 켜켜이 쌓여 있다. 서로 다른 두 사람이 긴 세월을 같은 장소에서 부대끼며 살았으니 그 마찰을 줄이려고 속으로 삭힌 일이 한둘이겠는가. 이들이 하나둘 쌓여 빽빽하게 되다 보니 압력이 높아져 불이 된 게 울화병(鬱火病)이다. 익숙함으로 이를 덮어 버리면 안 된다.

노후에는 돈, 일, 건강이 중요하다고 한다. 이는 하드웨어에 해당한다. 관계라는 소프트웨어의 중요성도 크다. 오죽하면 '관계 자산'이라는 말까지 하겠는가? 여러 관계 중에서 베이스캠프 역할을 하는 게 부부의 관계이다. 자녀나 사회관계는 점차 옅어지는 반면 부부의 관계는 갈수록 또렷하게 부각된다. 소프트웨어에 해당하다 보니 자칫 부부의 관계를 후순

위로 밀어 두는 우를 범하지 말아야 한다.

노년의 부부가 같이 시간을 가장 많이 보내는 때는 'TV 시청'이라고 한다. TV, 소파, 부부라는 가구 3형제를 보는 듯하다. 설상가상으로 안방과 거실로 나누어서 TV를 본다. 소통의 원천적 차단이다. 따로 떨어져 제자리에 오래 놓여 있는 가구가 아닌 걸어 다니고, 말을 하고, 가끔 다투고, 뒤져 보는 가구가 되어 봄이 어떨까.

도종환의 시 〈가구〉는 추억과 따뜻함의 소재로 노년의 부부를 묘사하지만, 그 이면에는 익숙함에 안주하여 서로에 대한 호기심과 각자가 가진 깊은 슬픔을 무시하면 가구는 조용히 그대로 있으면서 짙은 그림자로 육중하게 어두워질 수 있음을 말한다.

은퇴부부의
SSS (3공)

'개구리 한 마리 오래된 연못에 뛰어드네. 퐁당!' 일본의 바쇼가 지은 유명한 하이쿠(俳句)다. 하이쿠는 운문 문학 중 길이가 가장 짧은 장르에 속하는데 이 하이쿠는 히라가나 17자로 이루어져 있다. 눈을 감고 이 장면을 그려 보자.

오래된 적막한 연못이 고요하다. 바람이 만드는 잔물결의 파장도 없다. 바로 이때 어디선가 개구리 한 마리가 폴짝 뛰어올라 연못으로 퐁당 들어간다. 적막을 깨는 청각적인 소리와 함께 물결이 동심원을 그리면서 퍼져 나가는 시각적인 변화가 더해진다.

은퇴부부가 그러하다. 베이비부머는 남자가 밖에서 일하고 아내는 가사를 돌보다 보니 반평생 서로의 공간이 분리되어 있다. 집에 돌아가더라도 자녀가 중심이어서 부부간의 문제는 부차적이다. 그런데 남자가 퇴직할 즈음이면 상황이 180도 변한다.

남자가 밖에서 일하는 시간이 급속히 줄고 집에 있는 시간이 그만큼 늘어난다. 집에는 부부만 덩그러니 남게 된다. 당혹스런 장면이다. 자녀가 성인이 되어 독립한 집에 아내 혼자 있는데 갑자기 남편이 뛰어든 것이다. 고요한 연못에 파장이 인다. 은퇴부부의 충돌이다. 이 위기를 돌파할 3가지 방책을 알아본다.

첫째, 공간(空間)이 필요하다. 여기에는 물리적 공간, 시간적 공간, 역할의 공간 세 가지가 있다. 우선, 물리적 공간이다. 같은 집에 살면서 사사건건 다투던 엄마와 자녀도 분가해서 살면 사이가 좋아진다. 집도 대문과 안채까지의 공간이 필요하고, 두 사람이 대화를 나눌 때도 적절한 거리가 필요하다. 부부도 각자의 공간이 필요한 이유다.

무엇보다, 집에 같이 오래 있는 시간을 줄일 필요가 있다. 은퇴 후에 남편은 아내와 더 많은 시간을 갖고 싶어 하지만 아내는 남편과의 시간을 줄이고 싶어 한다는 점을 유념해야 한다. 일본에서 '가장 인기 있는 남편은 집에 없는 남편'이라는 말이 괜히 나온 게 아니다. 시간의 공간을 두어야 한다.

역할도 공간을 두어야 한다. 은퇴하고 돌아와 집안 살림이나 구조를 새로 정비해 보겠다는 등 아내의 삶의 공간을 침범해서는 안 된다. 관심에서도 적절한 거리를 두어야 한다. 갑자기 아내의 영역을 침범하지 말아야 한다. 은퇴男이 지켜야 할 원칙 중에 '아내가 나가면 어디 가는지 어디에 있는지 묻지 말라'는 게 있다.

둘째, 공감(共感)이 필요하다. 공감sympathy은 감정pathy을 같이한다sym는 뜻이다. 부부는 평생을 살아오면서 각자가 가지게 된 깊은 감정을 이해하고 나누어야 한다. 남자는 밖에서 일을 하고 여자는 가사를 하는 소위 '노동의 안팎 분업'에서 각자의 깊은 슬픔이 된다. 이 감정의 격차를 이해하지 못하면 말 한마디가 섶에 던져진 불씨가 된다. 남자와 여자는 서로의 깊은 감정을 이해하고 보듬어야 한다. 단가(短歌) 시인 손호연의 '지나온 길 뒤돌아보면 속 깊은 그대의 상처에 내 손이 닿질 못했네'라는 구절이 와 닿는다.

마지막으로, 공분(共分)이 필요하다. 집안일을 같이 나눈다는 뜻이다. 은퇴 전에는 밖의 일과 안의 일로 분업을 했지만 은퇴 후에는 밖의 일이 없어지고 안의 일만 남게 된다. 안의 일도 자녀 양육 일은 없어지고 집안 관련된 일만 남는다. 일이 줄었으니 혼자 해도 되겠다고 생각하면 오판이다. 사람도 나이 들어가기에 힘들어진다. 가사 분업의 재분배가 필요하다.

조선시대에는 나라의 중요한 일을 돌보는 영의정, 좌의정, 우의정의 삼의정(三議政)을 삼공(三公)이라 불렀다. 은퇴부부도 가정에 공간space, 공감sympathy, 공분share 3공을 두고 관리하면 위기를 잘 헤쳐 나갈 수 있을 거라 생각해 본다. 공력이란 오랜 노력과 수고를 통해 쌓아 올린 능력이나 숙련된 정도를 의미한다. 3S(SSS, 3공)를 잘 익히면 은퇴부부에게 유용하고 강력한 공력이 될 것이다.

전략 10:
공간(Space)

공간의 충돌과 왜곡

'오늘 하루는 오롯이 나만의 자유로운 시간을 가졌다.' 아내가 애 둘이 모두 밖에 나가고 필자도 사무실에 출근하면서 아침부터 하루 종일 혼자 있게 된 자유로움을 토로하면서 한 말이다. 아내를 제외한 셋 중 한 명은 집에 있었는데 이 날은 모두 나가고 없던 때였다. 공간을 오롯이 혼자 점유하고 있다는 건 평화와 자유를 준다. 필자가 토요일과 일요일도 사무실에 나오는 이유가 혼자만의 공간 때문이다.

교수 친구가 어느 날 전화가 와서 2년 지나면 은퇴를 할 텐

데 오피스텔을 알아보고 있다고 했다. 친구 아내는 남자는 무조건 밖에 나갈 곳이 있어야 한다는 지론을 갖고 있어 친구는 개인 사무실로 쓸 오피스텔을 찾아보고 있었다. 부부 중 남편이 밖으로 출근하면 두 명이 각각의 공간을 갖게 된다.

공간은 사람 사이의 완충 역할을 해 준다. 너무 멀어도 너무 가까워도 좋지 않다. 연인이나 가족, 친구, 혹은 일반적인 사회적 관계에 따라 편안하게 생각하는 거리는 다르다. 연인은 좀 더 밀접한 거리를, 일반적인 사회적 관계는 안전하다고 느낄 만큼 떨어진 거리를 원한다.

사람만이 아니다. 건물도 공간을 가져야 한다. 큼지막한 한옥은 문이 여러 개 있다. 크게는 대문과 중문으로 나뉜다. 대문을 들어서면 마당이 있고 마당에는 또 다른 작은 문인 중문이 있다. 중문을 지나면 안마당이 있고 안채가 있다. 손님을 맞는 곳은 마당에 있는 사랑채이고 안채는 안쪽 공간으로 생활공간이다. 대문을 열고 들어선 마당과 사랑채는 공적이고 개방된 공간이지만 중문을 지나면 사적인 공간으로 성격이 바뀐다.

안채는 어머니나 부인, 그리고 어린 자녀들이 거주하며 남성 가장은 사랑채에서 주로 생활하고 밤에 잠을 자거나 가족 생활을 할 때는 안채에 출입한다. 외부의 남성 손님이나 집안과 관계없는 방문객은 들어오기 어려운 공간이다. 사랑채는 사회와 맞닿는 역할을, 안채는 가족의 생활공간인 셈이다. 중문은 바로 이 경계에 있으면서 공간을 만들어 주는 역할을 한다.

중문은 안채의 공간에 외부로부터 들어오는 기운을 완화해 주는 역할도 한다. 바람, 열, 찬 공기, 뜨거운 공기가 바로 안채로 직행하지 않게 해 준다. 겨울에는 냉기를 한 번 차단해 주고 여름에는 통풍을 조절해 준다. 중문은 그런 의미에서 중간 영역이나 완충 공간에 가깝다.

은퇴 후에는 완충 역할을 해 주는 공간이 충돌한다(물리적 개념은 아니다). 공간은 흔히 보는 물리적 공간physical space뿐만 아니라 시간적 공간temporal space과 역할의 공간role space이 있다. 은퇴를 하면 부부의 물리적 공간이 충돌한다. 남편은 바깥 공간이 사라지면서 '이제 집이 내 생활의 중심'이라고 생각한다. 반면, 아내는 '집은 내가 오랫동안 운영해 온 공간'으로 생각한다. 이런 경우 아내는 자기 공간이 침범당했다는 느낌을 받으며 심지어 사사건건 감시받는다고 생각하기도 한다.

시간적 공간은 각 개인이 고유한 생활 리듬과 시간 사용 방식을 유지하면서 상호 간섭 없이 존중 받는 자율적 시간 영역을 말한다. 오랜 시간 혼자 만들어 온 아내의 고유한 생활 루틴에 남편이 침입하면서 서로의 시간적 공간이 충돌한다. 남편이 가정으로 돌아오면 부부가 함께하는 시간이 많아졌다고 생각하지만 함께 있을 준비가 된 시간이 고려되지 않는다. 남편은 '지금 뭐해?', '같이 나가자' 등을 별다른 의미 없이 말하지만, 아내에게는 끊임없이 자신의 시간에 대한 침입으로 느껴질 수 있다. 시간적 공간의 충돌을 줄여야 하며 서로의 시간 흐름을 재설계해야 한다.

역할의 공간도 왜곡된다. 역할의 공간은 개인이 특정한 역할을 수행하는 심리적 공간이다. 남편은 은퇴했지만 가정에서의 새로운 역할을 학습하지 않았다. 여전히 회사에서 갖고 있던 혹은 은퇴 전에 갖고 있던 지시자, 평가자, 가장이라는 중심인물로 행동하려 한다. 이렇게 되면 아내는 배우자가 아니라 상사와 감독자를 상대하는 느낌을 갖게 된다. 남편이 가정으로 돌아와서 냉장고와 살림을 모두 새로 정리해 주겠다고 들쑤신다든지 혹은 가계부를 가져오면 엑셀로 깔끔하게 자동으로 되게 정리해 주겠다는 등도 마찬가지이다.

세 공간이 충돌하면서, 남편은 회사라는 세계를 잃지만 아내는 집이라는 세계를 빼앗긴다. 그래서 은퇴남편증후군을 겪게 된다. 은퇴남편증후군Retired Husband Syndrome은 일본의 한 정신과 의사가 은퇴한 남편을 둔 부인에게서 나타나는 현상을 보고 학술지에 발표하면서 붙인 이름이다.[34] 대표적인 증상은 우울, 불안, 발진, 두드러기, 위궤양, 소화 장애에 심지어 고혈압까지 온다고 한다.

다만, 은퇴남편증후군을 단순히 남자의 은퇴에 문제의 초점을 맞추어서는 안 된다. 이는 문제의 근본적 해결 방법이

---

34) [출처: 중앙일보] https://www.joongang.co.kr/article/23006146

아니다. 남자도 회사를 잃고 정체성이 상실되고 사회적으로 고립되다 보니 가정에서 인정받고 싶은 욕구가 간섭이나 의존으로 나타나는 경우가 많기 때문이다. 은퇴남편증후군은 은퇴 이후에 부부의 관계를 거기에 맞게 업데이트하지 않았기에 나타나는 신호이다.

솔루션은 무엇일까? 공간을 재설계하는 것이다. 자신이 원하는 물리적 공간을 각자 확보한다. 교수 친구의 경우는 아내가 자신의 의사를 명확하게 표현했다. 서로 자신의 생각을 터놓는 게 좋다. 정보가 정확해야 올바른 솔루션이 나오기 때문이다. '나야 어떻게든 괜찮아요'라는 말은 하지 말아야 한다.

시간적 공간의 충돌을 막기 위해서는 부부가 함께하는 시간과 각자의 시간을 명확히 해야 한다. 남편은 남편의 루틴을 새로이 만들어야 한다. 그리고 집안 일을 하게 될 때 상하관계, 평가와 감시의 역할, 새롭게 모두 고쳐 보겠다는 의욕을 벗고, 아내의 공간을 이해하면서 초보처럼 다시 배운다는 자세로 임해야 역할의 공간을 왜곡시키지 않는다.

　　은퇴 후 공간의 충돌은 상대방의 문제라고 탓하지 말고, 구조 변화의 문제로 보고 구조를 재설해야 한다.

공간의 차원을 넘는 新3종4덕

　　후스(胡適, 1891~1962)는 중화민국의 외교관, 작가, 문학 연구자이며 구어문을 바탕으로 문학을 전개해야 한다는 백화운동의 주창자다. 5·4 운동과 중국의 신문화운동에 참여하였으며, 베이징 대학의 총장으로 재직했다. 미국 컬럼비아 대학에서 36세에 박사 학위를 받았다. 민국(民國)의 4대 미남에 속하지는 못했지만 거기에 못지않은 인물과 학식, 그리고 품위를 가졌다.[35] 이러니 후스의 곁에는 항상 여자들이 있었다.

　　후스의 아내 장둥슈(江冬秀)는 전족을 하고 글을 읽지 못하는 문맹이었다. 후스가 다른 여성의 연애편지를 받아도 글을 몰라 읽지 못했을 정도다. 당시 여성에게 글을 가르치지 않았기 때문이지, 장둥슈는 후스와는 비교가 되지 않는 명문가

---

35) 나무위키, https://namu.wiki/w/후스

출신이었다. 장둥슈의 어머니는 후스가 마음에 들어 호랑이 띠인 딸의 사주까지 속이며 결혼을 시켰다.

하지만 장둥슈의 성격은 보통이 아니었다. 후스가 대사로 갈 때 사람들은 장둥슈가 글도 모르니 큰 걸림돌이 될 거라 생각했다. 심지어 영어와 중국어를 구분 못한다고 할 정도였다. 중국 망신만 시킬 거라 다들 걱정했다. 실제로 장둥슈는 후스를 따라 해외로 나갈 때 무쇠솥을 들고 나갔다. 하지만 대사관에서 파티를 할 때 장둥슈는 무쇠솥으로 멋진 요리를 해서 외교관들 혼을 빼놓았다. 글을 모르는 구식 여성이었지만 후스에게 전혀 기죽지 않았다.

당시 20세기 중국의 신문화운동을 이끈 사람들은 집안에서 정해 준 구식 부인과 이혼을 하고 자신이 원하는 신식 여성과 결혼하는 게 유행처럼 되어 있었다. 하지만 후스는 장둥슈와 평생을 해로하며 신지식인 사회에서 화제가 되었다. 후스가 끝까지 해로한 비결은 어디에 있을까? 그 원인은 정확히 모르지만 후스가 유머처럼 말하고 다닌 남자가 지켜야 할 3종4덕을 보면 이해할 만하다.

3종4덕(三從四德)은 유교 사회에서 여성의 행실을 규범하기 위해 제시된 덕목으로, 삼종(三從)은 '나이가 어릴 때는 아버지를 따르고(從父), 결혼 후에는 남편을 따르고(從夫), 남편이 죽으면 아들을 따르는(從子)' 3가지 도리를 말한다. 사덕(四德)은 '여자의 덕(婦德)·말씨(婦言)·용모(婦容)·가사(婦功)'의 4가지 덕목을 말한다.

후스는 구시대의 3종4덕을 다음과 같이 바꾸었다. 후스의 3종4덕은 여성이 아닌 남성이 지켜야 할 계명으로 3종은 '① 부인이 외출할 때 꼭 모시고 다녀라 ② 부인의 명령에 무조건 복종해라 ③ 부인이 아무리 말 같지 않은 소리를 해도 맹종해라'이다. 덧붙여 4덕은 '① 부인이 화장할 때 불평하지 말고 끝날 때까지 기다려라 ② 생일을 절대 까먹지 마라 ③ 야단맞을 때 쓸데없이 말대꾸하지 마라 ④ 부인이 쓰는 돈을 아까워해서는 안 된다'이다.[36]

앞서 은퇴한 부부가 직면하는 세 공간의 충돌과 그 솔루션

---

36) 김명호(2022), 《중국인 이야기》, 한길사.

에 대해 이야기한 바 있다. 아마 어떤 솔루션보다 확실한 건 후스가 말한 남자의 3종4덕이 아닐까 한다. 과장되고 해학적인 면이 없지 않아 있지만 그 이면에 후스의 진심이 있다. 아마 후스가 말한 3종4덕을 지키면 은퇴남편증후군도 없어지고 공간의 충돌과 왜곡도 없어지지 않을까 한다.

| 후스의 新3종4덕 |

三從

- 부인이 외출할 때 꼭 모시고 다녀라.
- 명령에 무조건 복종해라.
- 부인이 아무리 말 같지 않은 소리를 해도 맹종해라.

四德

- 부인이 화장할 때 불평하지 말고 끝날 때까지 기다려라.
- 생일을 절대 까먹지 마라.
- 야단 맞을 때 쓸데없이 말대꾸하지 마라.
- 부인이 쓰는 돈을 아까워해서는 안 된다.

자료: 김명호,《중국인이야기》, 한길사

다만, 요즘 세상에 맞지 않는 게 하나 있다. 이전에는 여성이 혼자 외출하면 위험했지만 지금은 그렇지 않다. 그래서 3종의 첫 번째 계명인 부인이 외출할 때 모시고 다니는 건 맞지 않는 것 같다. 후스의 3종4덕을 말하면 이구동성으로 지적하는 게 바로 이 부분이다. 특히 여성의 반발이 심하다. 필자의 경험으로 여성들은 4덕의 네 번째 계명에 환호한다. 후스의 3종4덕은 공간의 충돌 문제를 초월한다.

전략 11:

공감(Sympathy)

대화: 달과 공주

공감은 감정pathy을 같이한다sym는 뜻이다. pathy
는 그리스어 어원이 파토스pathos로 감정을 뜻하지만 고통이
나 슬픔을 뜻하기도 한다. 공감은 단순하지 않다. 여러 수준
이 있다.

공감의 1차적 방식은 대화이다. 두 명이 있으면 대화 채널
은 한 개다. 세 명이 있으면 두 명의 대화 채널은 3개가 된다.
갑과 을이 있을 때는 (갑·을) 한 채널이지만 갑, 을, 병이 있으
면 (갑·을), (갑·병), (을·병)의 대화가 가능하다. 3명이 대화하는

(갑·을·병)까지 하면 4개다. 한 명이 늘었는데 채널은 3개가 늘어난다. 네 명으로 갑, 을, 병, 정이 되면 두 명의 대화 채널은 6개가 된다. 세 명의 대화 채널까지 더하면 11개이다.

자녀를 포함하여 네 명이 여행을 가면 11개의 채널이 가동되므로 시끌벅적하다. 세 명이 가면 4개의 채널이 그나마 가동된다. 그런데 두 명이 가면 1개의 채널뿐이다. 자녀가 둘 있다가 모두 독립하고 부부만 여행 갈 때는 대화 채널이 급속하게 줄어든다.

그러다 보니 부부는 대화가 줄어든다. 대화 채널은 줄어들고 새로운 대화 주제가 없으니 조용하다. 이처럼 소통의 매개체가 되는 자녀가 독립하면 노년의 부부는 가구처럼 입을 닫게 된다. 도종환 시인의 말처럼 '그림자와 같이 육중하게 어두워지지' 않으려면, 가구처럼 적막하게 앉아 있지 말고 소통을 해야 한다. 채널이 줄어든 대신 대화의 스킬이 늘어나야 한다.

대화는 만만하지 않다. 신호를 보내는 송신자와 신호를 받는 수신자는 자신의 생각으로 신호를 만들고 자신의 방식으로 받기에 올바른 뜻이 전달되기 쉽지 않다. 송신기와 수신기가 동일하면 문제될 게 없지만 그럴 경우는 거의 없다. 이런 엇박자가 황혼이혼의 불씨가 되기도 한다. 부부간의 대화에서 〈달과 공주〉라는 우화를 참조할 필요가 있다.

옛날 옛적에 왕과 왕비의 사랑을 한 몸에 받는 공주가 있었다. 어느 날 공주는 달을 따 달라고 졸라댔다. 불가능한 부탁이다. 왕은 공주를 설득하지 못하자 학자들을 불렀다. 학자들은 "달은 너무 멀리 있어서 딸 수가 없습니다. 설령 달까지 가더라도 달이 너무 커서 가져올 수 없습니다"라고 설득했다. 하지만 공주는 막무가내였다. 학자들도 실패다.

마침내 광대가 동원되었다. 광대는 달을 설명하기에 앞서 먼저 공주에게 달에 관해 물어보았다. "달은 어떻게 생겼습니까? 달은 얼마나 큽니까? 달은 무슨 색입니까?" 공주는 "달은 동그랗고, 손톱만하고, 황금색"이라고 답했다. 그러자 광대는 황금으로 만든 손톱만한 달을 갖다 주었다. 문제는 해결되었다.

그런데 걱정이 되었다. 밤에 달이 뜨면 공주가 "내 손에 달이 있는데 저 달은 도대체 뭐냐?”고 물어보면 할 말이 없기 때문이었다. 그래서 어떻게 했을까? 또 물어보았다. “달을 따왔는데 오늘 밤 달이 또 뜨면 어떡하죠?” 공주는 “이빨이 빠지면 또 나듯이 달도 하나 빼 와도 또 떠올라. 호수에도 물 컵에도 달이 있는데 하나 가져 왔다고 안 떠오르겠어?”라고 답했다.

우화에서 ‘달을 딴다’라는 뜻을 학자와 공주는 다르게 이해하고 있다. 반면에 광대는 공주가 말하는 ‘달을 딴다’라는 의미부터 파악하고 거기에 부합하는 해결책을 제시했다. 여기에 등장하는 학자들의 설득 방식이 주로 남자들의 대화 스타일이다.

남자들은 문제를 해결해 주고 싶어 한다. 연장통을 들고 다니면서 문제가 생긴 곳을 고쳐 주는 데 익숙하다. 남자들이 아내와 대화할 때는 이야기를 처음부터 그리고 구체적으로 미주알고주알 이야기하는 걸 참지 못한다. 여성은 특히 리얼하고 구체적으로 묘사하려다 보니 남성 입장에서는 여성이 재미있는 이야기를 하려는 건지 아니면 문제를 이야기

하는 건지 알 수가 없다. 남자들의 요구는 두 가지다. '결론이 뭐냐? 도대체 무엇이 문제인가?'

광대는 문제를 풀어 주는 학자의 방식이 아니고 상대방의 이야기를 들어주는 방식을 택했다. 부부가 대화를 할 때는 광대의 방식을 참조할 필요가 있다. 특히 나이가 들수록 광대의 대화방식으로 이야기해야 한다. 남자는 아내와의 대화방식이 '이해·논리·설득·문제해결'에서 '청취·공감'으로 옮겨 가야 한다. 그러지 않으면 시 〈가구〉에 나오는 것처럼 아내에게서 아무것도 찾지 못하고 나가고, 아내는 다시 서랍을 꼭 맞게 빈틈없이 닫아 버리게 된다.

물론 여자도 남자의 대화방식을 이해해야 한다. 남편과의 대화에서 공감을(내 마음을 알아주기를) 바라는 것인지 아니면 어떤 문제를 풀어 보자는 것인지를 구분해서 명확하게 신호를 주어야 한다. 컴퓨터에 물어볼 때처럼 요점을 구체적으로 명확하게 직접적으로 알려 줘야 한다.

남자는 LLM(거대언어모형) 기반의 인공지능이 아니다. 대충 말하면 알아듣지 못한다. 과거의 컴퓨터 포트란Fortran 언어처럼 하나하나 명확하게 말해야 한다. 당시 포트란 언어로 컴퓨터에 일을 시킬 때 '이것도 못 알아먹어서 하나하나 말해 줘야 하나!'라면서 컴퓨터에 화낸 적이 많았다. 아내가 가끔 씩 내게 정말 똑같은 투정을 한다. 여성들이여! 많은 남성들 은 AI가 아니라 포트란 언어에 가깝다.

연민: 깊은 슬픔의 간격

공감의 2차적 방식은 연민compassion이다. com은 '같이한다' 는 뜻이며, passion은 여러 의미들이 있지만 '깊은 슬픔'을 뜻 하기도 한다. 그렇게 보면 연민이란 깊은 슬픔을 같이한다는 뜻이다. 기쁨은 같이 나누지 않아도 기쁘지만 슬픔은 누군가 알아주고 나누어야 한다. 남성과 여성이 남편과 아내로서 가 진 깊은 슬픔은 무엇일까?

남자는 가장으로서의 세계가 있다. 여자들 보기에 뭘 폼 잡느냐고 할 수 있지만 남자만이 느낄 수 있는 세계임에는 틀림없다. 1940년대 미국을 배경으로 한 아서 밀러Arthur Miller 의《어느 세일즈맨의 죽음》은 직장에서 버림받은 한 평범한 가장의 비극을 다루고 있다. (영화에서는 주인공 윌리 역을 더스틴 호프만이 맡았다.) 윌리는 미국 전역을 돌아다니며 방문 판매를 하는 영업맨이다. 60대에 접어든 노쇠한 외판원 윌리는 방문 판매가 시대에 뒤떨어지면서 실적이 떨어지고 결국 해고당한다. 빚과 생활고에 시달리면서 가장으로서 실패했다고 생각한다. 열심히 살았지만 현실은 냉혹하다.

설상가상으로 장남 비프는 방황하고 실패하며 차남은 허세가 가득한 삶을 산다. 윌리는 자신의 화려했던 영업맨 시절, 그리고 이를 통해 가족을 부양했던 때를 회상한다. 하지만 그러한 가장을 자식도 아내도 이해해 주지 못한다. 문제를 해결해야 하는 윌리는 자동차 사고를 위장해서 죽고 보험금을 가족에게 남긴다.

영화 《우아한 세계》는 생계형 조폭을 통해서 남성의 깊은 슬픔을 그리고 있다. 주인공 인구(송강호 분)가 서러운 건 자신은 조폭을 생계 수단으로 하고 있는데 가족들은 그를 부끄러워한다는 점이다. 치열한 삶의 현장에서 맞고 깨지고 칼 맞고 들어오는 남편을 아내는 대놓고 깡패라고 한다. 첫째

아들은 캐나다에 유학 가 있으니 불평도 없지만, 같이 사는 딸은 일기장에 아빠가 칼침 맞아 죽어 버렸으면 좋겠다고 써 놓는다. 아내에게 어떤 구박 소리를 들어도 씩씩하던 인구도 그 일기장을 보고는 깊은 충격을 받고 슬픔에 빠진다.

인구가 아내의 간청으로 조폭을 그만두자 돈이 없어 캐나다 유학 갔던 아들이 한국으로 돌아오게 생겼다. 이 말을 듣고 인구는 친구 자갈치파로 들어가서 다시 조폭 생활을 시작한다. 자갈치파가 들개파를 흡수하는 데 세운 공이 있어 좋은 대우를 받고 옮겨 간다. 돈을 좀 벌게 되자 아내와 딸은 조폭 남편과 아빠가 부끄럽고 교육에 좋지 못하다고 모두 캐나다의 아들이 있는 곳으로 가 버리고 인구는 혼자 남게 된다.

인구는 협박하고, 때리고, 강제로 지장을 찍게 하는 등 여전히 조폭 직장 생활을 한다. 조폭과 기러기 아빠 생활을 열심히 하다 보니 당뇨병까지 걸리게 된다. 어느 날, 여전히 피곤한 조폭 직장일을 마치고 들어오니 캐나다에서 비디오가 하나 배달됐다. 인구는 들뜬 마음으로 라면을 끓여 먹으면서 비디오를 본다.

캐나다에 간 가족들의 '우아한' 삶의 모습이었다. 좋은 집에, 가끔씩 야외에 피크닉 가고, 해변에 놀러 가고, 집 정원에서 가족들이 장난치고 노는 모습은 행복하고 우아하다. 그런데, 흐뭇하게 바라보던 인구는 갑자기 웃음을 멈추고, 감정이 북받쳐 올라 흐느끼기 시작한다. 그리고 먹던 라면 밥상을 발로 걷어차 버린다.

혼자말로 욕을 하며 울던 인구는 엎질러진 라면을 걸레로 닦는다. 비디오에서 보이는 우아한 세계가 인구의 모습과 오버랩된다. 가족의 우아한 세계를 위해 죽어라 일하지만 정작 가족에게 인정을 받지 못하는 남자의 삶을 패러디로 그린 영화다.

그런데, 이 남자의 세계를 아내나 자식들은 이해할까? 여자는 남자의 그런 세계를 어떻게 볼까? 여자는 애 키우고 밥하고 폼 안 나는 일만 평생 했는데, 남자는 밖에서 술 마시고 골프 치고 갖은 우아한 세계에서 살았다고 생각할 수 있다. 애가 크게 아플 때나 말 안 듣고 빗나갈 때의 고통을 겪어야 하는 것은 여자의 세계다. 직장은 바꿀 수 있지만 자녀는 바꿀 수도 없다. 아이러니하게도 우아한 세계가 완전히 뒤바뀌는 셈이다.

누가 우아한 세계에 사는 걸까? 관점에 따라 답은 다르다. 남성이 보기에는 여성이, 여성이 보기에는 남성이 우아한 세계에 살고 있다. 각자는 슬픔의 세계에 살고, 상대방은 우아한 세계에 사는 셈이다.

그래서 남성과 여성은 각자의 깊은 슬픔을 갖고 있고 그 슬픔을 서로 이해할 수 없는 것이다. 이러한 깊은 슬픔이 안에 쌓여 있다가 노후에 서로에게 폭탄이 되어 날아간다. '그동안 당신은 내가 벌어다 준 돈으로 평생 살았는데 이제 당신도 좀 벌어 보지'라는 말은 비수같이 꽂힌다.

송강호의 우아한 세계는 남성의 관점이다. 여성의 관점에서 우아한 세계는 그 반대다. 마치 양극과 음극처럼 분리되어 있는 각자의 깊은 슬픔만 갖고 있을 따름이다. 서로가 이 슬픔을 이해하지 못한다. 하지만 연민은 필요하다. 나의 슬픔만이 전부가 아니라는 생각으로 자신을 낮추고 상대방의 슬픔도 같이 바라보는 관점이 필요하다. 상대의 깊은 슬픔을 이해하면 더 깊은 소통이 된다.

사랑: 궁극의 공감

연민보다 더 깊은 공감의 수단은 사랑이다. 신혼부부가 결혼할 때 '신랑 신부는 서로를 아끼고 잘 이해하라'는 말을 한다. 사람을 이해하기 쉽지 않다. 가끔씩 보면 어머니도 필자를 잘 모르고 있을 때가 많다. 하물며 부부간 깊은 슬픔은 근본적으로 이해하기 어렵다.

남편이 아내가 되든지 아니면 아내가 남편이 되어 보지 않으면 이해되지 않는다. 이는 사랑으로 덮어야 한다. 사랑은 이해(理解)를 초월한다. 궁극적인 공감은 사랑이다.

성경에는 예수께서 고침을 받으려 간청하는 나병환자를 보고 '궁휼히 여기사'라는 말이 나온다. 궁휼히 여긴다는 말의 그리스 원어는 스플랑크니조마이splanchnizomai이며 이 단어의 원뜻은 '창자가 끊어질 듯한 아픔을 느낀다'이다. 히브리적 사고에서는 한 단계 더 나아간다. '궁휼'의 히브리어 어원은 '자궁'이다. 자궁이 꿈틀대는 걸 느끼는 어머니의 마음이다. 자궁 속에 있는 아이를 보호하고 아끼는 본능적인 사랑을 의미한다.

사랑은 우리가 아는 것처럼 낭만적이지도 화려하지도 않다. 성경에서 사랑은 '오래 참고 온유하고 시기하거나 자랑하지 않고 무례히 행치 않으며 모든 것을 참으며 자기 유익을 구하지 않는다'고 한다. 사랑은 고통suffering이며, 잘못한 것을 기억하지 않고, 끝까지 포기하지 않는다. 어떤 사랑인지 곰곰히 생각해 보자. 아마 자녀에 대한 사랑에 대입해 보면 모두 해당될 것이다.

이 사랑의 일부를 부부에게도 가져와 보자. 공감을 위한 수단인 '대화-연민-사랑' 이 셋 중 제일은 사랑이다. 사랑은 대화와 연민을 넘어선다. 장수사회에서 요구되는 수준 높은 기준이다.

○ **전략 12:**
공분(Share)

가사 분담의 장점

아파트에 휴일이면 장이 열린다. 이전에 호떡을 팔던 부부가 있었다. 아내는 호떡을 굽는데 소리를 잘 듣지 못했다. 남편은 돈 계산과 재료 준비 등을 해 주었다. 나름 일의 역할을 나누어 분담하면서 소리 없이 분주했다.

얼마 전에 경비실에서 전화가 왔다. 누가 주차한 차를 받아서 약간 부서졌으니 나와 보라고 해서 갔더니 장을 마감하고 처막을 걷고 있는 노부부가 있었다. 멀쩡하게 주차해 있는 차를 남편이 후진하다가 받은 모양이었다. 뒤쪽 범퍼가

움푹 들어갔다. 노부부는 아파트 장터에서 여러 종류의 반찬을 팔고 있는 듯했다. 아내와 필자는 괜히 거기에 차를 세워서 부담을 준 게 미안하기도 해서 반찬 사러 한 번 간다고 해놓고 아직 못 가고 있다.

장터에서 먹거리나 과일을 파는 사람들은 부부가 꽤 있다. 하루 종일 부부가 일터에 같이 있으면 다투지 않을지 궁금했는데 아마 좋기에 꽤 있지 않나 생각된다. 가사(家事)도 돈을 받지 않을 따름이지 별반 다를 게 없다. 은퇴 후에 가사도 장터에서 장사하는 부부처럼 생각하면 어떨까.

은퇴를 하면 직장이라는 사회적 공간에서 물러난 후 부부는 하루 대부분의 시간을 가정이라는 동일한 공간에서 함께 보내게 된다. 이 과정에서 이전에는 크게 문제되지 않았던 가사 노동과 생활 전반의 역할 분담이 갈등 요인으로 떠오른다. 특히, 한국 사회에서는 고도성장 시기에 가정의 분업으로 인해 가사 노동이 여성에게 집중되어 온 경향이 강했기 때문에 은퇴 이후에 이러한 관성이 유지될 경우 부부간 갈등의 씨앗이 된다. 하지만 가사를 잘 분담하면 의외로 장점이 많다.

먼저, 삶의 공정성을 가져오고 상호 존중을 실천하게 된다. 은퇴 전에는 한 사람이 경제 활동을 주로 담당하고, 다른 한 사람이 가사와 돌봄을 책임지는 분업 구조가 비교적 명확했을 수 있다. 그러나, 은퇴 이후에는 부부 모두가 경제 활동에서 물러나거나 활동량이 비슷해지면서, 특정 한 사람만이 집안일을 전담해야 할 합리적 이유가 사라진다.

집안일이 줄었다고는 하지만 여성은 나이가 들어가면서 체력이 떨어진다. 만일 역할 분담이 그대로 유지된다면 가사를 맡은 배우자는 과도한 부담과 불공정을 느끼게 되고 이는 관계의 불균형으로 이어진다. 일의 분담은 서로를 동등한 삶의 동반자로 인정하는 행위라는 점에서 의미가 있다.

둘째, 건강한 노후 생활을 가능하게 해 준다. 은퇴 후에는 신체 활동량이 줄어들기 쉬운데 가사 노동은 일상 속에서 자연스럽게 신체를 움직이게 하는 중요한 활동이다. 청소, 요리, 장보기와 같은 일들은 단순한 집안일을 넘어 노년기의 신체 기능 유지와 정신 건강에도 긍정적인 영향을 미친다.

만약 한 사람이 모든 집안일을 떠맡고 다른 한 사람이 소극적인 생활을 한다면, 한쪽은 과로와 스트레스로 건강을 해칠 수 있고 다른 한쪽은 무기력과 고립감을 느낄 수 있다. 가사 분담은 결국 부부 모두의 건강한 삶을 위한 선택이다. 가사를 맡을 처음에는 부담이겠지만 적응되면 모두의 건강에 도움이 될 수 있다.

셋째, 부부 관계의 질을 높일 수 있다. 은퇴 후에는 직장 동료나 사회적 관계가 줄어들면서 배우자가 가장 가까운 관계가 된다. 이때 일상적인 집안일을 함께 해결하는 과정은 자연스럽게 대화와 협력을 늘린다. 반대로 역할 분담이 불명확하거나 불공정할 경우 사소한 일에도 불만이 쌓이고 갈등이 반복될 가능성이 커진다. 결국 일의 분담은 단순히 효율의 문제가 아니라 관계의 유지와 발전을 위한 요소라 할 수 있다.

마지막으로, 남편의 자립과 아내의 자유 시간 확보가 가능하다. 아내는 멀리 여행을 갈 때 남편이 밥을 잘 챙겨 먹을까 하는 걱정을 많이 한다. 밖에 외출할 때도 식사 때가 되면 돌아가야 한다는 강박감을 갖고 있다. 가사에 서툴렀던 남편이 스스로 끼니를 해결하고 집안을 돌볼 수 있게 되면 아내에 대한 과도한 의존도가 낮아지고 이는 아내의 심적 부담을 덜어 준다. 아내는 가사 분담에서 확보한 시간만큼 취미 활동이나 자기 계발에 활용할 수 있다. 남편이 직장일에서 해방되는 것처럼 아내도 가사에서 어느 정도 해방될 필요가 있다.

| 가사 분담의 장점 |

☐ 삶의 공정성과 상호존중을 실천하게 한다.
☐ 건강한 노후 생활에 기여한다.
☐ 부부 관계의 질을 높을 수 있다.
☐ 아내의 자유 시간 확보와 남편의 자립을 가능하게 한다.

가사 분담 솔루션

은퇴 후 가사 분담은 장점이 있지만 실행 과정에서 문제점과 어려움이 있는 게 사실이다. 생각과 현실은 다른 법이다. 가장 대표적인 문제는 오랜 생활 습관과 가치관의 차이이다. 수십 년 동안 특정 역할에 익숙해진 사람에게 새로운 역할을 요구하는 것은 쉽지 않다.

특히 가사 노동을 '도와주는 것'으로 인식해 온 경우, 이를 공동의 책임으로 받아들이는 데 시간이 필요하다. 또한 일의 기준과 방식이 다르다는 점도 갈등의 원인이 된다. 청소의 정도, 요리의 방식, 생활 리듬 등에 대한 생각이 다를 경우 분담 자체보다 그 결과에 대한 불만이 더 크게 나타날 수 있다.

또 다른 문제는 의사소통의 부족이다. 많은 부부가 일을 어떻게 나눌 것인지에 대해 명확하게 이야기하지 않은 채 암묵적인 기대에 의존한다. 이 경우 한쪽은 '당연히 알아서 해야 한다'고 생각하고, 다른 한쪽은 '말이 없으니 괜찮은 줄 알았다'고 여기면서 오해가 발생한다. 오해가 반복되면 감정의 골이 깊어지고 은퇴 후의 긴 시간을 갈등 속에서 보낼 수 있다.

이러한 문제를 해결하고 효과적으로 일을 분담하기 위해서는 구체적이고 현실적인 방법이 필요하다.

첫째, 솔직한 대화를 통해 역할 분담에 대해 합의를 한다. 은퇴 후의 생활에 대해 서로의 기대와 부담을 솔직하게 이야기하고 어떤 일이 필요한지 목록으로 정리해 보는 과정이 도움이 된다. 가사가 단순해 보여도 리스트를 나열하면 택배 받고 뜯기나 생활필수품이나 필요한 것 파악하여 채워 넣기 등 상당히 많다. 필자의 아내는 저녁 내 필요 물품을 파악하여

주문해서 구입한다. 항상 필요한 물건이 옆에 있으니 필자는 불편을 모르는 것이지 실제로는 상당한 가사였다.

필자가 회사를 완전히 나오게 되자 직원들이 일을 처리해 주지 않으니 모두 직접 해야 했다. 사무실을 구하고, 계약하고, 이사하고, 그리고 자동차를 매입하고, 등록하고, 보험에 가입하는 등 상당히 많은 시간이 투여되었다. 그 일이 쉽지도 않았다. 가사도 그러하다. 목록을 나열해 보면 가사는 분명한 노력과 시간이 필요한 노동임을 인식하게 된다.

둘째, 각자의 능력과 선호를 고려한 분담이 필요하다. 모든 일을 반으로 정확히 나누는 것이 반드시 공정한 것은 아니다. 요리를 좋아하는 사람은 요리를 맡고, 정리나 수리를 잘하는 사람은 그에 맞는 일을 맡는 방식이 더 효율적일 수 있다. 중요한 것은 '누가 더 많이 하느냐'가 아니라, '서로 납득할 수 있는 분담인가'이다.

경제학에서는 리카도의 비교우위 이론이 있다. 여러 국가들이 서로 무역을 하는 것은 한 국가의 경쟁력이 절대적으로 좋기 때문이 아니라는 것이다. 자원이 제한되어 있는 상황에서 상대방보다 비교우위에 있는 제품을 수출한다.

예를 들면, 회사의 사장 갑돌이는 스포츠카를 몰 정도로 운전을 잘 한다. 자신의 차를 모는 운전기사보다 운전을 잘 한다. 이를 일컬어 갑돌이는 운전기사보다 운전의 절대우위에 있다고 한다. 하지만 갑돌이는 시간이 한정되어 있으므로 한 단위의 시간을 효율적인 데 써야 한다. 운전보다 회사일에 집중하는 게 낫다. 이 경우 갑돌이는 상대적으로 운전은 운전기사에 비해 비교열위에 있다고 한다. 그래서 갑돌이는 운전을 잘 하지만 회사일에 집중하고 운전기사는 운전에 집중하게 된다. 서로 상대적으로 잘 하는 일을 맡아야 한다.

셋째, 유연성을 유지하는 태도가 필요하다. 건강 상태나 상황에 따라 일의 양과 종류는 달라질 수 있다. 특정 시기에는 한 사람이 더 많이 부담할 수도 있고 다른 시기에 역할을 조정할 수도 있다. 고정된 규칙에 집착하기보다는 변화에 맞춰 조율하는 자세가 은퇴 후 긴 시간을 함께 살아가는 데 큰 도움이 된다.

마지막으로, 서로의 노력을 인정하고 감사하는 표현이 중요하다. 아무리 공정하게 나눈 일이라 하더라도 당연하게 여

겨지는 순간 불만은 다시 쌓인다. 작은 일이라도 고맙다는 말을 건네고 서로의 수고를 인정하는 태도는 분담의 효과를 배가시키고 부부 관계를 더욱 단단하게 만든다.

은퇴 후 부부가 일을 분담하는 것은 선택의 문제가 아니라 행복한 노후를 위한 필수 조건이다. 이는 단순히 집안일을 나누는 차원을 넘어 서로를 존중하고 동반자로서의 관계를 재정립하는 과정이다. 물론 그 과정에서 갈등과 어려움이 따르지만, 대화와 이해, 그리고 유연한 태도를 바탕으로 한 분담은 은퇴 후의 삶을 건강하고 의미 있게 만들어 준다.

하수라고 생각하니
하류가 되더라

이 책은 돈·일·관계의 은퇴연옥을 탈출하기 위한 12가지 전략을 제시했다. PAR, SOC, TIP, SSS(3공)이다.

PAR는 인생 오전에서 오후로 이동할 때 틀이 되는 전략이다. 일종의 나침반이라 할 수 있다. 페르소나Persona를 잘 바꾸고, 자신의 전문성Arete으로 업(業)을 갖고, 안팎으로 다양한 관계망Relationship을 형성하는 것이다. 도쿄대노화연구소는 '운동하세요'가 아닌 '밖으로 나오세요'라는 사회적 관계를 추천했다. 무엇보다, 업에 관해서는 깊은 곳에 그물을 치는, 즉 아레테를 발굴하고 키우는 관점의 변화가 필요함을 역설

했다.

SOC는 방법론이다. 일종의 도구인 셈이다. 무엇을 하든지 인생 오후에는 이를 적용해 보아야 한다. 목표 중 가능한 것을 선택Selection하고, 이를 달성하기 위해 주어진 상황에서 최고의 효과성을 추진하는 최적화Optimization, 그리고 자원이 부족할 때 보완Compensation되는 자원을 동원하는 것이다. 하이테크 시대의 장점이라면 보완 자원이 많다는 점이다.(좋은 도구가 갖춰진 셈이다.) 그래서 SOC를 잘 활용하면 인생 오후에도 발달을 효과적으로 이어갈 수 있다.

인생 오후의 양대축은 돈과 관계이다. 돈에 관한 전략이 TIP이다. 예금이나 확정이자로 마련하는 은퇴소득이 아닌 구매력을 유지하고Price, 실질은퇴소득을 마련해야 한다. 배당과 같은 인컴Income을 꾸준히 줄 수 있는 자본자산을 선택해야 한다. 무엇보다 공짜 점심인 절세 효과Tax를 누리기 위해 꼭 연금계좌나 ISA를 활용한다.

마지막으로, 관계의 베이스캠프에 해당하는 부부의 관계를 다룬 것이 SSS(3공)이다. 3공이라 기억해도 좋다. 공간(空

間)Space, 공감(共感)Sympathy, 공분(共分)Share 이다. 물리적, 시간적, 역할의 공간을 둔다(space). 무엇보다 대화, 연민, 긍휼의 공감을 가져야 한다(sympathy). 그리고, 부부간에 가정 역할의 재설정 혹은 재구조화를 통해 가사를 함께 나누어야 한다(share). 3공이 갖추어져야 관계의 가장 기초인 부부의 관계가 반석처럼 유지된다.

앞에서 못다 한 서봉수 기사 이야기로 끝을 맺고자 한다. 젊은 정상급 프로 바둑 기사 5명과 '치수 고치기' 시합에서 1승 4패를 하면서 서봉수 기사의 치수 고치기 최종 결과는 석 점이 되었다. 그들과 바둑을 둘 때 흑 석 점을 깔아야 한다는 뜻이다. 그 다음 이야기가 진국이다.

서봉수 기사는 대국을 마치고 기대에 부응하지 못해 죄송하다고 말했다. 관전자들이 시합에서 전혀 서봉수 기사답지 않은 이상한 수를 두었다고 하자 이에 대해 본인도 시인했다. 그러면서 말하기를 '접바둑을 두면서 나를 처음부터 낮추다 보니 바둑 수도 하류가 되어 버린 것 같았다'는 말을 했다. 이거야말로 정말 머리를 '땅' 때리는 말이었다. 다르게 바꾸면'나를 노인으로 생각하니 내 생각과 행동도 노인처럼 되더라'는 말이다. 스스로 발전을 멈추고 나의 가능성을 제한하면 딱 그 수준의 행동이 나오게 된다. 1장에서 엘렌 랭어 교수는 평균의 꼬리표에 자신의 한계를 규정짓지 말자고 했다. 과거의 사람들이 만든 노년의 꼬리표가 나의 발전을 막아서는 안 된다.

인생의 오후! 장수사회에서는 노년이라는 꼬리표를 떼어내고 발달과 진화를 이어가야 한다. 그러지 않으면 돈·일·관계의 은퇴연옥을 벗어나지 못한다. 연옥이라는 중력을 탈출하려면 동력이 필요하다. 이 책에서 제시한 네 가지 범주의 12가지 전략이 도움이 되었으면 한다.